福祉現場で役立つ
動機づけ面接入門

須藤昌寛＝著

中央法規

はじめに　動機づけ面接を社会福祉の実践に

　この本は社会福祉の現場で働く人たちに動機づけ面接（Motivational Interviewing：MI〔エムアイ〕）を知ってもらいたいという思いで執筆しました。

　MIはウィリアム・R・ミラーとステファン・ロルニックが開発した面接法です。もともとはアルコール依存症患者への支援を目的とした面接法でしたが、現在では医療分野に限らず、保健、福祉、司法、矯正、教育など、対人援助に携わる多くの分野の人が学ぶようになってきています。

　社会福祉の現場で働いている人たちからときどき聞く話として、
「福祉サービスを利用すれば生活が改善するのに、利用してくれない」
とか、
「こちらのアドバイスを全然聞いてくれない」
というようなことがあります。

　もしかしたら「クライエント自身が問題を自覚し、改善するためのアドバイスを受け入れてくれれば、生活は改善するのに……」という意味が含まれているのかもしれません。

　このような問題を解決していくために、MIが役立つはずだと私は考えています。なぜならMIは、問題を自覚していない人には気づきを深めていくように働きかけ、行動をためらっている人には「行動しよう」という動機を高めていくことを目的としている面接法だからです。

　MIでは「行動しない人」を「やる気のない人」とか「自覚の足りない人」と決めつけず、「行動したい気持ちと行動したくない気持ちとを同時に抱えている人（両価性を抱いている人）」ととらえていきます。クライエントを「（支援者に対して）抵抗している人」とは見ずに、「支援者の態度を工夫していけば、クライエントは変わっていく」と理解していきます。どちらも対人援助を行っていくうえでは必

要な考え方です。

　MI はクライエントとの信頼関係を深めていくときにも役立ちます。

　専門家が身につけている知識や技術は、クライエントの支援には必要不可欠なものですが、クライエントとの信頼関係がうまく築けなければ、専門家の知識や技術をうまく利用することができません。社会福祉の現場では、信頼関係を構築していくのが難しいクライエントへの対応で苦慮しています。MI は、そうしたクライエントとの信頼関係構築にも役立ちます。

　Motivational Interviewing の呼称についても触れておきます。日本では「動機づけ面接」、あるいは「動機づけ面接法」と呼ばれていることが多いようです。省略して MI という人たちもいます。本書では動機づけ面接あるいは MI としました。

　このような言い方をしたら、Motivational Interviewing を研究している方々には怒られてしまうかもしれませんが、私は読者の皆さんがなじみやすい呼び方で OK ではないかと考えています。その理由について少しお話ししておきます。

　MI を教えているトレーナーは世界中にいます。そして一年に一度、MINT（ミント）FORUM が開催されています。MINT は Motivational Interviewing Network of Trainers のことです。MINT FORUM では世界中のトレーナーが集まって、いかに MI を使っていくかとか、どういうふうに MI を教えていくかといった情報交換をしています。

　MI トレーナーたちは、MI のスピリットを大切にしています。スピリットについては本書のなかで説明していきますが、誤解をおそれずに言えば「相手を尊重する」ことだと私は考えています。MI はクライエントの行動変容を支援していく面接法ですが、面接で使うスキルは MI スピリットを土台にしています。そしてクライエントを尊重するということは、行動変容に対するクライエントの考え方や実施方

法も大切にしていくということです。

　だから私は、MIを学んでいく皆さんのやり方も尊重していきたいと思っています。「MIはこうあるべきだ」とか「学ぶためにはこうしなければならない」（このような姿勢は、"MIポリス"と呼ばれることがあります）ではなく、「クライエントのためにMIが役立つのであれば取り入れていきましょう」というのが私の立ち位置です。MIと呼ぶよりも、動機づけ面接（あるいは動機づけ面接法）と呼んだほうがクライエントに役立つのであればそうしてください。

　「正しいやり方」を学ぼうと神経質になりすぎて、MIを「完璧」に説明できるようになったが、クライエントのことを忘れていた……というようなことがないようにしていきましょう。すべてを完璧に学ぶことはできません。自分のわかるところから理解し、自分のペースでMIを使えるようになっていけばいいと思います。本書も興味のあるところから読んでみてください。そして日々の実践で使えそうなところがあれば、ぜひ使ってみてください。

　最後になりますが、本書はウィリアム・R・ミラーとステファン・ロルニックの『Motivational Interviewing (Third edition)』（2012）をもとにして執筆しています。MIに関する内容に関しては、私のオリジナルではありません。けれども本書のなかの事例や、社会福祉の分野でMIを使用したらどうなるのか、という記述に関しては私が創作した部分もあります。そういう部分については、オリジナルのMIからは逸脱している箇所があるかもしれません。また、本書では福祉現場で相談している人をソーシャルワーカー（SW）、相談する人をクライエント（CL）としています。みなさんの職場では別の呼び方をしているかもしれません。その場合は、みなさんが理解しやすいように読みかえてください。

須藤昌寛

目次

はじめに

第1章 なぜ、面接がうまくいかないのか？

1 動機づけ面接（MI）とは ／ 2
2 動機づけ面接と福祉実践 ／ 9

第2章 クライエントの気持ちを理解する

1 両価性（Ambivalence） ／ 20
2 正したい反射（間違い指摘反射）（The righting reflex） ／ 28
3 三つのコミュニケーションスタイル ／ 39
4 動機づけ面接のスピリット（PACE） ／ 45

第3章 動機づけ面接の進め方

1 かかわる（Engaging） ／ 61
2 焦点化する（Focusing） ／ 67
3 引き出す（喚起）（Evoking） ／ 74
4 計画する（Planning） ／ 86

第 4 章　OARS（オールズ）

1. 開かれた質問（Open questions）／ 90
2. 是認（Affirming）／ 94
3. 聞き返し（Reflecting）／ 98
4. 要約（Summarizing）／ 109

第 5 章　クライエントの意欲を引き出していく

1. チェンジトークと維持トーク ／ 116
2. チェンジトークを引き出す ／ 127
3. 維持トークと不協和 ／ 135
4. 情報提供・アドバイス ／ 140
5. 「計画する」プロセスへの移行 ／ 147
6. 他の技法との統合 ／ 150

引用・参考文献等
あとがき
著者紹介

動機づけ面接の進め方（イメージ）

クライエントとの関係づくり

- 2人の専門家による同盟関係
- どのプロセスでも不協和に注意

かかわるプロセス
クライエントの両価性を理解する（20ページ）
- 両価性を抱くのは普通のこと

焦点化のプロセス
話し合うテーマを絞り込んでいく（67ページ）
- テーマの変更には柔軟に対応
- クライエントの気持ちを優先する

引き出す（喚起）プロセス
動機づけの強化（74ページ）
- 行動変容が起こらなければOARSで動機を引き出す
- OARSでチェンジトークをさらに詳しく

計画するプロセス
計画・実行（86ページ）
- クライエントのペースで進めていく

第 **1** 章

なぜ、面接が うまくいかないのか？

第1章では、動機づけ面接（MI）が どのような面接であるかを紹介していきます。 クライエントのために一生懸命面接をしていても、 うまくいかないことがあります。 本章では、そのような面接を MI の視点から見直してみます。

1 動機づけ面接(MI)とは

▶ 一生懸命やっているのにうまくいかない面接

　社会福祉の現場で相談援助に携わっているみなさんにとって、クライエントや家族との面接は、日々行っている大切な仕事だと思います。

　面接はなかなか難しいものです。面接が思うように進まないことは日常茶飯事ですし、うまくいったことを繰り返してみても、次の面接でうまくいくとは限りません。みなさんのなかには試行錯誤を重ねながら日々面接に取り組んでいたり、面接スキルの向上を目指して勉強を継続されたりしている方もいるのではないでしょうか。

　「クライエントの役に立ちたい」、あるいは「もっと上手な面接を行いたい」と考えているみなさんは、面接に関してこれまでさまざまなことを学び工夫をしてきたのではないかと思います。

　それでも面接を行っていて、「なんとなくうまくいかない」と感じることはありませんか？　以下の事例もそんな「なんとなくうまくいかない」事例の一つです。

　このやりとりは、一人暮らしをしている吉田さん（75歳、男性、要支援1）と担当ケアマネジャー（介護支援専門員）との会話です。担当ケアマネジャーは吉田さんのことを心配し、なんとかしたいと考えています。しかしその思いは本人にはあまり伝わっていないようです。

▶ 事例の概要

吉田さんは自宅で一人暮らしをしています。これまでに何度か体調を崩しており、入院歴もあります。

吉田さんには他県で生活している娘がいます。娘の話では「父が希望するなら自分のところに来てもらいたい」が、その話をすると「お前の世話になるくらいなら、施設にでも入る」と言って頑なに拒否するとのことでした。そうはいうものの、吉田さんが本気で施設を探している様子はありません。

今回ケアマネジャーが吉田さんを訪問したのは、娘から相談があり、「一人暮らしを続けていきたいのであれば、デイサービスとかホームヘルパーを利用するように勧めてほしい」という依頼があったからでした。

▶ 吉田さんとケアマネジャーとの会話①

ケアマネジャー：吉田さん、最近の調子はどうですか？
吉田さん　　　：まあまあだよ。特に悪いこともないかな。
ケアマネジャー：買い物とか掃除なんかはどうですか。一人暮らしで大変でしょう。
吉田さん　　　：メシはコンビニで買っているし、掃除はあまりしていないけど大丈夫だよ。
ケアマネジャー：コンビニのお弁当ですか？　栄養の偏りが心配ですね。
吉田さん　　　：歳をとると食欲がなくなるんだ。
ケアマネジャー：掃除だってときどきはしたほうがよいですよ。モノが散らかっていると転倒の危険性もありますし。転倒して骨折したらまた入院ですよ。
吉田さん　　　：大丈夫だよ。自分でも気をつけているし。
ケアマネジャー：どんなふうに気をつけていらっしゃるんですか？

吉田さん　　　：……。
ケアマネジャー：娘さんも心配していらっしゃいますよ。このまま一人で暮らしていると何が起こるかわかりませんし。どうですか、デイサービスとかホームヘルパーとか、福祉サービスを利用してみませんか？
吉田さん　　　：……。

　結局、吉田さんは黙り込んでしまいました。
　どうしてケアマネジャーはうまく話を進めていくことができなかったのでしょうか。
　担当ケアマネジャーは、体調を崩しながらも一人暮らしを続けている吉田さんのことをとても心配しています。心配しているからこそ、福祉サービスを利用してもらい、これからも一人暮らしを続けてもらいたいと考えているのでしょう。
　ところがケアマネジャーの思いは、吉田さんにはあまり通じていないようです。心配するケアマネジャーをよそに、「大丈夫だ」の一点張りです。この状態をどう変えていけばいいのでしょうか。

▶ 動機づけ面接（MI）とは

1 動機づけ面接誕生の背景

　動機づけ面接（Motivational Interviewing：MI）は、ウィリアム・R・ミラー（William R. Miller）とステファン・ロルニック（Stephan Rollnick）によって開発されてきた面接方法です。二人はアルコールなどの依存症患者への支援を目的に、MIをつくり上げてきました。

　MIが開発されようとしていた1980年代、アルコールなどの依存症患者に対する医療スタッフの考え方は、現在とは少し違っていたようです。当時は、「依存症患者は病的な嘘つきで、人格的に未熟な者が多い」ので、依存症患者を治療するには、「本人に自分自身の問題を自覚させる必要がある」という考えをもつ医療関係者が多かったということです。患者に依存症であることを自覚させるために、強い説得を行う人たちもいたそうです。

2 ウィリアム・R・ミラーの臨床経験

　ところが強い説得を受けると、その説得とは反対の気持ちを強くもってしまう人たちもいます。「自分は依存症ではない」とか「やめようと思えばいつでもやめられる」といった具合でしょうか。このような患者に対して、当時の医療スタッフのなかには、「抵抗している」だとか「問題を自覚していない」だとか、あるいは「嘘をついている」ととらえる人も少なくなかったとウィリアム・R・ミラーは語っています。

　このような患者に対する理解は、ウィリアム・R・ミラーの臨床経験とは矛盾するものであったようです。医療現場での実践と研究活動に従事していたウィリアム・R・ミラーは、セラピストが誠実に患者の話を傾聴すれば、患者も自分の葛藤を語り出すということに気づいていました。クライエントの「態度」は、セラピスト側の対応によっ

て協力的になったり非協力的になったりするということです。依存症患者が生まれつきの「嘘つき」や「未熟者」ではなく、治療者側の対応が患者を「嘘つき」や「未熟者」にしていたのです。

クライエントとセラピストとのやりとりによって、クライエントは「変わりたい」という動機を高めることも、反対に低めてしまうこともある――このような臨床での気づきがMI誕生のきっかけになっています。

3 動機づけ面接の定義

動機づけ面接には三つの定義があります。一つめが初学者に説明するための定義、次に実践者向けの定義、そして技術的な定義です。詳しく勉強したい人はウィリアム・R・ミラーたちの執筆した『Motivational Interviewing（Third edition）』（2012）を参照してください。ここではそれぞれの定義について簡単に紹介していきます。

> **初学者向けの定義**
> 動機づけ面接は、その人自身の「変わろう」という動機を高めるための協働的な会話のスタイルである。
> （『Motivational Interviewing（Third edition）』(2012) p.12 より）

MIのゴールはクライエントの変化です。クライエントが変化していくためには、「変わりたい」という気持ちを強めていく必要があります。たとえば「禁煙しよう」とか、「運動しよう」とか、あるいは「福祉サービスを利用して生活を変えていこう」などと考えているクライエントの気持ちを強めていくような会話を目指していくということです。

クライエントの気持ちを強めていくために必要なのは、強い説得ではありません。クライエント本人に変わりたい理由を語ってもらうこ

とです。もちろん、初めから「変わりたい」という理由を明確にもっている人ばかりではありません。そういうときこそクライエントとソーシャルワーカーが協働して「変わりたい」理由を探っていくことが必要なのです。

> **実践者向けの定義**
> 動機づけ面接は、「変わりたいけど変わりたくない」という誰もが抱いている問題を扱う、来談者中心的なカウンセリングスタイルの面接である。
> (『Motivational Interviewing (Third edition)』(2012) p.21 より)

「変わりたいけど変わりたくない」という、相反する気持ちを同時に抱くことを両価性（ambivalence）といいます。両価性を抱くことは特別なことではありません。私たちの誰もが多かれ少なかれ両価性を抱えて生活しています。たとえば、「運動したい（変わりたい）と思っているが、朝起きるのが面倒だ（変わりたくない）」とか、「勉強したくない（変わりたくない）けど、このままじゃヤバイ（変わりたい）」というように思うことは普通のことです。

けれども、このような心の状態は、他の人からは窺い知ることができません。自分の子どもが「勉強したくない（変わりたくない）けど、このままじゃヤバイ（変わりたい）」という状態に陥っていても、実際に目にするのは子どもの「何もしていない」姿です。

そういう姿を見た親は、「何で勉強しないでテレビばかり観ているの！　ちゃんとするって言ったじゃない‼　いまやらないで困るのはあなたですよ‼‼」などと叱責してしまうこともあるでしょう。このように言われると、子どもはますますやる気をなくしてしまいます。

ですので、このような叱責ではなく、MIでは本人の「変わりたい」という気持ちを傾聴していくわけです。変わりたい理由は人それぞれです。その理由をしっかりと聞いていくほうが、叱責や説得よりも変

化が起きやすいと MI では考えているのです。

> **技術的な定義**
> 動機づけ面接は、協働的にゴールを目指していくコミュニケーションであり、特にクライエントが語る変化に関する言葉に着目している。受容と思いやりの雰囲気のなかで、変化への理由を探っていきながら、人々の変わろうという動機を高めていく面接である。
> (『Motivational Interviewing（Third edition）』(2012) p.29 より)

MI ではクライエントの「変わりたい」という発言をチェンジトークと呼んでいます。反対に「変わりたくない」という発言が維持トークです。たとえば「運動したいと思っているけど、朝起きるのが面倒だ」という発言では、「運動したいと思っている」がチェンジトークで、「朝起きるのが面倒だ」が維持トークです。

チェンジトークや維持トークを話すクライエントの話を、ソーシャルワーカーは受容と思いやりの気持ちをもって傾聴していきます。ここでポイントになるのが、チェンジトークに着目するということです。詳しくは第5章で説明していきます。

クライエントの口からチェンジトークが飛び出してきたら、詳しく聴き、本人の変わりたい理由を探っていくことが、結果的に変化へとつながっていくのです。

面接のポイント
- 強い説得を受けても、行動を変えない人がいる。
- 本人の変わりたい理由を探っていく。

2 動機づけ面接と福祉実践

▶ 動機づけ面接を学び、福祉実践に活かす

　MIは「変わりたいけど、変わりたくない」というような、本人のなかの相反する気持ちを解消していくための面接方法です。福祉現場では「介護サービスを利用したいけど、利用したくない」というようなクライエントの支援などに役立ちそうです。

　ソーシャルワーカーのなかには、「福祉の世話にはならない」というように、サービスを拒否するクライエントの支援が大変、という話をする人も少なくありません。しかし支援を拒否しているようなクライエントでも、ソーシャルワーカーの働きかけによって福祉サービスを利用し、その結果生活が安定したという人たちもいるのではないかと思います。

　「介護サービスを利用してみたいけど、利用したくない気持ちもある」というようなクライエントを、MIではアンビバレントな状態にある人、と考えます。アンビバレントは「両価性」という意味です。両価性とは先ほどお話しした「運動したいと思っているが、朝起きるのが面倒だ」とか、「介護サービスを利用したいけど、利用したくない」というような、相反する気持ちを同時にもつことです。

　仮に100パーセント「介護サービスを利用したくない」という人がいれば、その人にはMI以外の支援方法も必要かもしれません。しかし、ほんのわずかでも「介護サービスを利用したい」という気持ちがあり、社会福祉の専門家であるみなさんからみても「介護サービスを

利用したほうが、本人や介護者のためになりそうだ」ということであれば、MIの活用を検討したほうがよい、ということになります。このような場合にこそMIは効果を発揮します。

MIには、OARS（オールズ）と呼ばれている面接技術があります。この面接技術を使ってクライエントとの面接を進めていき、両価性を解消していくわけです。OARSについては第4章で詳しく説明していきます。

▶ 人としての価値を尊重する

面接技術というと、「なんだか冷たい感じがするな」と思われる人もいるかもしれません。技術で人の心を操作しているのでは？　といった感じでしょうか。

たしかにMIは一つの技術ではありますが、その技術を有効に活用するための土台として、MIのスピリットというものがあります。

MIのスピリットは面接技術を使うために忘れてはならない心構えです。たとえば、どんなに介護保険の知識が豊富なケアマネジャーでも、クライエントとの信頼関係を築くことができなければ、その知識や技術を活かすことができません。ケアマネジャー自身がクライエントに拒否されてしまうからです。

クライエントと信頼関係を築いていくためには、クライエントを一人の人として尊敬し、その人の価値を尊重していくことです。また、問題を解決していく力はクライエント自身がもっているということを信じることも大切です。このような心構えがMIのスピリットなのです。

面接技術はクライエントのためにあります。どんなに優れた、効果のある面接技術であっても、クライエントの利益につながらなければ、「クライエントを操作している」と理解されてしまうでしょう。OARSという技術を、クライエントのために使っていこうという気

持ちをもち続けていくために、私たちはMIスピリットを学んでいく必要があります。

　MIのスピリットについては第2章で詳しく説明していきますので、ここでは簡単に述べておきます。

　MIのスピリットは、以下の四つです。

・協働
・受容
・引き出す（喚起）
・思いやり

▶ 協働

　協働とは、クライエントとソーシャルワーカーが協力しあって問題解決に取り組んでいこうという姿勢のことです。みなさんは社会福祉の知識や対人援助の経験をもつ社会福祉の専門家です。そしてクライエントは自分の生活の専門家です。二人の専門家が智恵を出し合いながら問題を解決していくという姿勢が協働です。

▶ 受容

　受容は、クライエントを一人の人として尊重していく姿勢のことです。クライエントを尊重し、それまでの努力を是認することでもあります。

▶ 引き出す（喚起）

　問題解決の手がかりはクライエント自身にあるので、その手がかりをクライエントのなかから引き出していこうという考え方が喚起です。問題に対して「どうしていきたいのか」を一番知っているのはクライエント自身だということが前提となります。

▶ 思いやり

思いやりは、クライエントの福祉を第一に考えていくということです。クライエントが自分の行動を変えていくことが本当にクライエントのためなのか、ということを問い続けていくことが大切です。

▶ MI の視点から面接を見直してみる

それでは、先ほどの吉田さんとのやりとりを MI のスピリットという視点から、ふり返っていきましょう。

吉田さん　　　：メシはコンビニで買っているし、掃除はあまりしていないけど大丈夫だよ。
ケアマネジャー：コンビニのお弁当ですか？　栄養の偏りが心配ですね。

「メシはコンビニで買っている」と吉田さんは話しています。この言葉に対してケアマネジャーは「栄養の偏りが心配ですね。」と応じました。

おそらくケアマネジャーは、吉田さんの栄養状態を本気で心配しているのだと思います。心配しているからこそ、吉田さんの食事のとり方をより健全な方向へ導こうとしているのです。

けれども吉田さんの立場からすればどうでしょうか。よいか悪いかは別として、人にはそれぞれ自分のやり方があります。吉田さんも自分のやり方で今日までやってきたはずです。

食事をコンビニですませていることを吉田さん自身が「よし」としているかどうかはわかりません。けれどもコンビニですませながら今日まで生活してきたことは事実です。もしかしたら、きちんとした食事をしなければならないことを一番自覚しているのは、吉田さん本人なのではないでしょうか。

そうだとすれば、ケアマネジャーのアドバイスは「正論」なのかもしれませんが、吉田さんからしたら自分のやり方を否定されたと感じてしまうに違いありません。

ケアマネジャー：掃除だって、ときどきはしたほうがいいですよ。モノが散らかっていると転倒の危険性もあります。転倒して骨折したらまた入院ですよ。
吉田さん　　　：大丈夫だよ。自分でも気をつけているし。
ケアマネジャー：どんなふうに気をつけていらっしゃるんですか？

　ケアマネジャーからすれば、吉田さんの生活環境には多くの危険が潜んでいるように見えるでしょう。転倒や火事など、心配なことを挙げていけばキリがありません。一人暮らしをしている吉田さんを心配すればするほど、ケアマネジャーは吉田さんに伝えたいことがたくさん出てくるはずです。
　それでは吉田さんからすれば、どうでしょうか。
　周囲の人から見れば、「危なっかしい」生活であっても、本人からすれば「なんとか一人でやってきた」という自負はあるはずです。他の人が「ムリだ」と思っていたとしても、本人は「できている」と思っているかもしれません。
　「転倒しますよ」とか「骨折しますよ」とか、あるいは「入院ですよ」というケアマネジャーの忠告は（吉田さんを心配しているからこその発言だとしても）、吉田さんからすれば「自分のやっていることを理解していない」と感じてしまうかもしれません。そうなってしまっては、ケアマネジャーの真意は吉田さんには伝わりません。
　MIでは上記のようなやりとりを、二人の専門家による協働作業と考えています。ケアマネジャーは対人援助の専門家であり、吉田さんは自分の生活の専門家です。つまり二人の専門家が智恵を出し合いな

がら問題を解決していくというのが MI のスタイルなのです。

　もちろん主役は吉田さんです。今の生活をどう変えていきたいか、変えるためにはどうすればよいかを決めるのは吉田さん自身です。

　「自分の生活の専門家」である吉田さんからすれば、「転倒の危険性」「骨折」「入院」といった言葉は聞きたくないでしょう。もしかしたら、ケアマネジャーから「脅かされている」と思ってしまうかもしれません。

　MI では「クライエントを脅かしたり、説得したりしても行動変容にはつながりにくい」と考えています。つまり、吉田さんの「生活を見直してみよう」という気持ちを引き出していくためには、「脅かし」や「説得」は効果が期待できないということです。

　さらに、ケアマネジャーは「自分でも気をつけている」という吉田さんに「どんなふうに気をつけていらっしゃるんですか？」と質問しています。質問自体が悪いわけではありませんが、語尾が上がる質問は、「本当に気をつけているんですか↑（疑）」というニュアンスが出てくることがあります。吉田さんからすれば、余計なお世話だ、ということになってしまうでしょう。

　どうでしょうか。ここまでみてきて、吉田さんとケアマネジャーとのやりとりが、指示的・説得的な面接になっていることに気がつかれたでしょうか？

▶ 吉田さんとケアマネジャーとの会話②

　それでは上述の吉田さんとの面接を、MI を学んだ支援者が行ったらどうなるでしょうか。　　　内は MI でよく利用する技術です。

ケアマネジャー：吉田さん、最近の調子はどうですか？
吉田さん　　　：まあまあだよ。特に悪いこともないかな。

ケアマネジャー	：今のところ大丈夫。 聞き返し
吉田さん	：大丈夫といわれれば、絶対に大丈夫だとはいえないね。
ケアマネジャー	：今のところは大丈夫だけど、先のことを考えると心配なところもあるのでしょうかね。 聞き返し
吉田さん	：そうだね。
ケアマネジャー	：よかったら詳しく教えていただけませんか？ 開かれた質問
吉田さん	：そう言われるとね、うーん。
ケアマネジャー	：買い物とか掃除なんかはどうなんでしょう？ 開かれた質問
吉田さん	：メシはコンビニで買っているし、掃除はしていないけど大丈夫だよ。
ケアマネジャー	：できることはなるべく一人でやっていきたい。他の人には迷惑をかけたくないとお考えになっているんですね。 是認 聞き返し
吉田さん	：そうだね。
ケアマネジャー	：その一方で先のことを考えると心配だとおっしゃっ

ていました。どのようなことが心配なんでしょうか？ 要約 開かれた質問

吉田さん　：たとえば足腰が悪くなって歩けなくなればコンビニにも行けなくなるしね。

　いかがでしょうか。初めの面接が指示的・説得的に行われているのに対して、あとの面接は吉田さんを受容しつつ、吉田さんから将来の心配を引き出しています。つまり後者の面接は、ガイドスタイルの面接といえます。ここでいうガイドスタイルの面接とは、文字通りガイドの仕事を想像すれば理解できると思います。ガイドのたとえは、MIを学ぶワークショップなどでもよく紹介されています。

　みなさんがガイドとともに外国を旅行するとき、行きたい場所や旅行の目的を語る皆さんの話を、ガイドは笑顔でうなずきながら聴いているでしょう。そして皆さんが、どのルートで行こうか、あるいはどのようなものを用意すればいいか、危険はないかなど、アドバイスを求めたとき、ガイドは必要な情報を提供してくれます。つまり寄り添いつつ、行くべき方向に導いているというのがガイド的な面接なのです。

　もちろん指示的スタイルの面接が悪いというわけではありません。多くのソーシャルワーカーが指示・説得スタイルで面接を成功させているのではないかと思います。特に緊急対応を必要とするときには、指示的スタイルの面接が役に立ちます。

　しかし指示的スタイルの面接を試してみて、「クライエントが話に乗ってこない」とか、「こちらの提案に反対ばかりしている」というように感じたとき、つまり面接がうまく進んでいないというように感じたときこそ、MIを試してみるときかもしれません。とりわけクライエントの変化を支援していく場合には、指示的スタイルの面接よりもMIのほうが面接をスムーズに進めていけると思います。

いかがでしたか。第1章では一生懸命行っているにもかかわらず、うまくいっていない面接について取り上げ、MIの視点から考えてきました。

　第2章では、両価性を抱えているクライエントへの理解を深めたうえで、MIのスピリットについて取り上げていきます。MIのスピリットは、面接を行っていくうえでの基盤となる部分です。

> **面接のポイント**
> - クライエントの両価性に着目する。
> - クライエントはもう1人の専門家。
> - 共に問題解決を目指していく。

Column

MIを使った相談援助

地域包括支援センターとちのみ　山越正人さん

　これまでMI研修会で得た知識を実際の支援において活かせたこと、また気づいたことを報告させていただきます。

　MIを学び、まず初めに気づいたことは、クライエントとの対話を客観的に感じられるようになったということです。

　OARSを意識し対話をすることで、自身の感情のコントロールができ、イレギュラーな問いかけに対しても冷静に対応できるようになりました。

　これは、MIがコミュニケーションそのものを体系化しているからです。もちろんクライエントには個性があり、パターン化はできませんが、ワーカーとしてクライエントと接するうえでの心構えが、OARSのなかにあると考えています。ワーカーが慌てず、余裕をもって対応する姿勢は、クライエントに対し安心感を与えます。初回面接の際は、事前にOARSの復習をし、頭に叩き込んでおくということが私の習慣になっています。

　私は、クライエントとの関係性をうまく構築することにこだわりすぎていました。そのこだわりゆえに、提案しなくてはいけない部分まで、クライエントの話に合わせてしまうことがありました。また、困りごとを焦点化できず、解決までに時間がかかりすぎてしまうこともありました。

　以上の2点は、MIを活用することでクリアできました。ワーカーの力だけではなく、クライエント自身がもっている力を引き出し、協力しながら解決を目指す。それがMIの本質だと思います。

　以前は、『どうにかしてあげよう』と支援をしていましたが、空回りしてしまう場合もありました。クライエントがもっている力を信じ切れなかった、正当に評価できていなかったのではないかと、MIに接して感じました。

　今後もMIを意識しながら相談援助をしていきたいと思います。

第 2 章

クライエントの気持ちを理解する

　　　　　　　　　　第 2 章では、両価性や正したい反射、
　　　　　　　　MI のスピリットについて解説していきます。
　　　　第 1 章でも触れましたが、両価性を抱えている人に対して
　　強い説得を行っても、変化は起きにくいと MI では考えています。
　　本章ではまず、そういうクライエントの心理について理解し、
　　　　そのあと MI のスピリットについて学んでいきます。

1 両価性（Ambivalence）

　ここでは両価性について詳しく見ていきます。両価性とは、相反する気持ちを同時に抱くことです。MIでは「両価性を抱くのは普通のこと」としてクライエントを理解していきます。

▶ 相反する気持ち

　皆さんは、次のような気持ちになったことはありませんか？
「勉強しなければいけないとわかってはいるが、勉強したくない」とか、「健康のためには運動しなければいけないけれど、早起きするのが面倒だ」というような気持ちです。
　あるいは、このようなことを話している人に出会ったことはありませんか？
「週に1回"休肝日"を設けたいと思っているけど、仕事が終わるとどうしても一杯飲みたくなっちゃうんだよ」
「福祉サービスを利用すればいいのはわかっているよ。でもね、近所の目がね……」

　他にもいろいろな例があると思います。
　上述した例のような、「○○したいけど、できない（あるいはしたくない）」というような、一つの状況に対して相反する気持ちや考えをもつことを両価性（ambivalence）といいます。
　両価性について、もう少し詳しくみていきましょう。

▶ 芳恵さんの両価性

　介護福祉施設に勤務している芳恵さん（26歳）は、社会福祉士を目指しています。働きながら社会福祉士の勉強をしていくことは、芳恵さんにとって大変なことです。

　試験勉強は大変ですが、社会福祉士の国家試験に合格できれば、以前から目指していた生活相談員への道が開けてきます。職場の上司にも、「ゆくゆくは地域包括支援センターで、社会福祉士として働いてほしい」と期待をかけられています。芳恵さん自身、ソーシャルワーカーとして地域に貢献することは大学生の頃からの夢だったので、今回の試験には絶対合格したいと思っています。そのためには毎日、少しの時間でも机に向かう必要があります。

　しかし、帰宅するとぐったりと疲れていて、勉強する気力が残っていません。

　気持ちを切り替えるため、とりあえずお風呂に入ります。お風呂の中でも「勉強しないと……」と思っています。

　お風呂から出ると、母親が用意してくれている夕食を、テレビを見ながら食べます。

　好きな番組ではありませんでしたが、ご飯を食べながら芳恵さんはだらだらとテレビを見続けています。「そういえば……」芳恵さんは思い出します。「見たい番組の録画が溜まっていたな……」。

　ご飯は食べ終わりましたが、芳恵さんはテレビのリモコンを片手に、コマーシャルは早送りしながら、録画した番組を観ています。ときどき「これが終わったら、テキストを開こう」と考えながら……。

　結局、早送りを繰り返しながら、芳恵さんは2時間近くテレビを見続けてしまいました。その後スマホをチェックしつつ、明日が早番であることを思い出します。これから勉強を始めると、寝不足で朝起きるのが辛くなってしまいます。

「明日から始めよう」と思い直して、芳恵さんは部屋の電気を消しました……。

▶ 両価性を抱えているクライエントを 他の人はどう見ているか

　芳恵さんは社会福祉士国家試験合格という目標のために、毎日勉強しなければなりません。「勉強しなければ」という気持ちはあるのですが、帰宅すると疲れて勉強に手がつけられません。
　このような状態を母親の目から見たらどうなるでしょうか。母親の目にはこのように映っているかもしれません。

　「試験勉強をしなければいけない」とは言っているけれど、仕事から帰ってくるとテレビやスマホばかり見ている。休みの日だって、午後まで寝ているか、早く起きたと思えば、友だちと遊びに出かけている。本当に合格する気でいるのかしら。本気で合格したいと思っているのなら、どんなに疲れていたって勉強するはずだし。やる気があれば、なんだってできるんじゃないかしら……。

　芳恵さんは心の中では「なんとかしたい」と考えています。しかしその気持ちを行動に移してはいません。
　そのような姿は、母親には「やる気が足りない」とか「本気になっていない」と映っているようです。「本当にやる気があれば、どんなに疲れていても勉強できるはずだ」と母親は考えています。

▶ やる気がないように見えているが……そうではない

　両価性を抱えている人の心の中は、「やりたい」という気持ちと「やりたくない」という気持ちがせめぎ合っています。このような心

の状態は、同じくらい力のある人たちが腕相撲や綱引きをしている状況と似ているかもしれません。同じ力で闘っていると、強い力がかかっているはずなのに止まっているように見えるからです。

　両価性を抱えている人の心の中も同じです。芳恵さんには「勉強したい」という気持ちがあります。そして同じくらい強く「やりたくない」と思っています。「勉強したい」気持ちと「勉強したくない」気持ちがせめぎ合っているのです。

　その結果、テレビを観たり、スマホをチェックしたりしているのです。勉強していないという姿は、心の中を覗いてみれば、何もしていないのではなく、相反する気持ちが力比べをしているような状態なのです。

　しかし母親には芳恵さんの心の中の"力比べ"が見えていません。ですから膠着状態にある芳恵さんを見て「やる気がない」と判断してしまったのです。

▶ 両価性を抱くのは当たり前のこと

　芳恵さんの事例を読んだ皆さんのなかには、「自分にも当てはまるかもしれない」と考えた方もいるのではないでしょうか。

　両価性は誰もが抱く可能性のある心の状態です。

　「何かを始めたいけど、このままでもいい」というような心理状態は、どんな状況でも起こりうるのです。たとえば、芳恵さんのように「勉強したい」というのもそうですし、「運動したい」とか「仕事をしたい」とか、「禁煙したい」というような、「変わりたい」という気持ちは、多くの人が抱いているのではないかと思います。それと同時に、反対の気持ちを抱いている人も少なくないはずです。

　やや極端な言い方かもしれませんが、「変わりたい」という気持ちだけがとても強ければ（両価性を抱いていなければ）、その人は変わるための行動を起こしているでしょう。

　ところが、「変わりたい」という気持ちがあり、周囲にその気持ちを表明しているにもかかわらず、何の行動も起こしていない、という人たちもよく見かけます。行動していない人は、行動している人よりも「変わりたい」という気持ちが弱いのでしょうか？

　MIでは気持ちが弱いとは考えません。先ほども説明しましたが、「変わりたい」という気持ちと「変わりたくない（このままでいい）」という気持ちが同じくらいの力で力比べをしている状態と考えています。

　本人は一生懸命考えているのに、動いていないように見えるということは、「動いていないのだから、やる気がないんだ」とか「本気で困っていれば、行動しているはずじゃないか」というように周囲からは思われてしまうことがあるということに注意が必要です。

　先ほどの芳恵さんの例でいえば、芳恵さん自身は「勉強しよう」と一生懸命考えているにもかかわらず、母親の目には「やる気がない」

と映っていました。本当はやる気がないのではなく、「変わりたい」という気持ちと「今のままでいい」という気持ちが全力で闘っていたにもかかわらずです。

このようなズレが、本人と周囲の人との間で起こる可能性があるということを、ソーシャルワーカーは理解しておく必要があります。また、MIを勉強しているソーシャルワーカーは、クライエントが両価性を抱えているとき、周囲の人たちと同じように「本当に困れば変わるはずだ」とか「やる気がないんだ」というようなとらえ方をしないように注意していく必要があります。

▶"やる気のない人"ではなく、"両価性を抱えている人"という理解

MIはもともと、アルコール依存症患者への支援を行うために開発されてきた面接法です。アルコール依存症患者のなかには、自分が依存症であることを認めていなかったり、口では「禁酒する」と言いながら飲酒を続けたりしている人が少なくないといわれています。

そういう人たちに対して、「治療に抵抗している」だとか「本気でやる気がないから禁酒できないんだ」と考える支援者は今でもいるかもしれません。しかしMIでは「やる気がない」と決めつけず、「アルコールに関して両価性を抱えている人」と理解していきます。あるいは「変わりたい」という気持ちはあるけれども、それ以上に「現状維持でいい」という気持ちが大きい人、というように理解していきます。

「抵抗している」とか「やる気がない」という理解と、「両価性を抱えている」という理解とでは、全く異なります。

クライエントを"やる気のない人"ととらえてしまうと、ソーシャルワーカーはクライエントに対して指示的な接し方をしてしまうこと

が多くなるといわれています。そして人は指示的に扱われると、そのことに対して反発したくなるものです。

たとえば、社会福祉士を目指している芳恵さんに、母親が「本気で社会福祉士になりたいのなら、5分でも10分でも勉強したほうがいいでしょ」と言えば、芳恵さんは「仕事で疲れているんだから、少しは息抜きが必要だ」とか、「今度の夜勤が終わったら始める」というように、母親の意見に対して反発してくるかもしれません。

それでは支援者が"両価性を抱える人"と理解すればどうなるでしょうか。そう理解することで、おそらく支援者のなかに、「どうすれば両価性（力比べ）のバランスを変えることができるか」とか、「どうすれば変わりたいという気持ちを大きくできるか」という考えが生まれてくると思います。少なくとも"膠着状態"に陥っているクライエントに対して「やる気がない」という見方はしなくなるのでしょう。芳恵さんの母親も「本気なら勉強するはず」ではなくて、「どうすれば勉強する時間を確保できるか」というように、芳恵さんに協力するような気持ちになるのではないでしょうか。

▶ MIは両価性を解消していくための面接方法である

ここでもう一度、第1章で紹介したMIの実践者向けの定義について振り返ってみます。

> **実践者向けの定義**
> 動機づけ面接は、「変わりたいけど変わりたくない」という誰もが抱いている問題を扱う、来談者中心的なカウンセリングスタイルの面接である。
> (『Motivational Interviewing（Third edition）』(2012) p.21 より)

「変わりたいけど変わりたくない」という気持ちが両価性です。そして両価性は誰もがもっているとMIでは考えます。両価性という

動きの見えない状態を、「変わりたい」という方向に変えていくのがMIのスキルです。

　そのスキルを使ううえで大切なのが、この章で学ぶMIのスピリットです。MIのスピリットについては、後ほど詳しく紹介していきます。

2 正したい反射（間違い指摘反射）(The righting reflex)

　正したい反射（間違い指摘反射）とは、間違ったことを聞いたときに「それは違うよ」と修正したくなる心の働きのことです。正したい反射は、ソーシャルワーカーにも、クライエントにも起こります。

▶ 間違った答えは修正したくなる

　ソーシャルワーカーに限らず、一般に私たちには、他の人が間違ったことを言うとすぐに修正したくなる傾向があるようです。自分の名前を呼び間違えられたりすると、即座に訂正したくなりませんか？

　この傾向のことを、MIでは正したい反射（間違い指摘反射）と呼んでいます。専門家はクライエントに「正しい答え」を押しつけないよう、特に注意が必要です。

　ソーシャルワーカーは、クライエントを支援するためさまざまな知識や技術を身につけています。そしてクライエントと信頼関係を築き、ニーズを把握し、環境調整や福祉サービスの紹介を行います。

　ソーシャルワーカーは社会福祉の専門家ですので、社会福祉を知らない人たちに比べれば、知識や技術をより多く身につけています。知識や技術が多ければ、クライエントよりも「正しい答え」を導き出すことができます。

　たとえば、認知症高齢者を一人で介護している人に対して「介護保険の利用」という「正しい答え」を伝えることができます。疾患や障害を抱えて就労が困難になっている人に対して、「生活保護」という

「正しい答え」を伝えることもできます。

そのこと自体が悪いわけではありません。

しかしそれは、「正しい答え」を知らない人や、「間違った答え」をもっている人に対して、「正しい答え」を強制してしまう危険性もあるのです。たとえば、認知症高齢者を一人で介護している人に対して、

「介護保険を利用しないと、いまに大変なことになりますよ」とか、「一人でやっていくなんて、この先不可能ですよ」

というように（ここまで極端な言い方はしないかもしれませんが）、クライエントの考えを聞かず、ソーシャルワーカーの考えや価値観を強制してしまう危険性が、専門家にはあるということです。

クライエントの考えが間違っていたとしても、即座に正そうとすれば、信頼関係が悪化してしまいます。

▶ 両価性に対して正したい反射で応じると

MIでは、「変わりたいけど、変わりたくない」というような両価性を抱えている人に一方的な説得を行うと、その人の気持ちが説得したい方向とは逆の方向に向かってしまう可能性が高まると考えています。

たとえば、皆さんが「健康のためにランニングを始めたい」と思っているとします。けれどもさまざまな理由によりまだ始めていません。そのような状況を想像してみてください。これは「走りたい」ということに対しての両価性を抱えた状態です。

走ることに対して両価性をもっている皆さんのもとに、ランニング大好きさんがやって来ます。そして、

「朝、走るのは気持ちがいいよ」とか、
「早起きは続けていれば慣れるよ」だとか、
「健康のためにはランニングが一番だよ」などと、走ることを勧めてきます。

　どうでしょうか？　ランニング大好きさんに走ることのメリットを聞かされて、明日からランニングを始める気になれそうですか？

　もちろん、皆さんの心の中には「走ろう」という気持ちはあります。その気持ちと同じくらい「走りたくない」とか「今のままでよい」というような気持ちもあります。相反する気持ちの力比べです。

　ところがランニング大好きさんには、皆さんの心の中は見えていません。もう一押しすれば、皆さんが走り出すと思っているのでしょう。だからランニングのメリットを一生懸命説明しようとします。

　しかしいくらランニングのメリットを説明されても、「明日から走ろう」と思えるものではありません。むしろ反対に、以下のような「押し問答」になってしまうのではないでしょうか。

大好きさん：朝、走るのは気持ちがいいよ。
あなた　　：でもね、早起きができないんだよ。仕事も夜遅くまであるし。
大好きさん：早起きは続けていれば慣れるよ。目覚ましを２個くらい用意してさ。
あなた　　：目覚ましは、すぐ止めちゃうんだよ。鳴ったら。
大好きさん：運動は健康にいいよ。
あなた　　：そうだけどさ。でも寝不足で走るのはどうなのかな。
大好きさん：心配なら、初めはゆっくり走ればいいよ。汗をかくと気持ちいいよ。
あなた　　：そうだけどね……。

　どうでしょうか。このように説得されたら、「走ろう」という気持ちにはなりませんよね。

▶ 専門家だからこそ 正したい反射（間違い指摘反射）に注意する

　社会福祉の専門家である皆さんは、クライエントの将来を、クライエント本人よりも正確に予測できるかもしれません。たとえば、認知症の夫を一人で介護している奥さんに出会えば、

旦那さんの認知症が進行すれば、自宅での介護は難しくなるかもしれない。そうなる前に介護サービスを利用したほうがいいかな。

というように先々のことを考えて、アドバイスをしたくなることもあると思います。そういうときこそ、正したい反射（間違い指摘反射）に注意してください。

専門家である皆さんは、クライエントの危機的な状況を予測したとき、以下のように伝えたくなるかもしれません。

「こうしたほうがいいですよ」
「そちらの方向に進んだら危険ですよ」
「将来はきっと困りますから」

これらのアドバイスにも、正したい反射（間違い指摘反射）の要素が含まれています。

もちろん、アドバイスや説得がすべてダメだということではありません。けれども、両価性を抱いている人に対して、正したい反射（間違い指摘反射）による説得を行うと、クライエントは皆さんが意図する方向とは逆の気持ちを強めてしまう可能性があるということを忘れないようにしてください。

▶ 正したい反射（間違い指摘反射）を体験するエクササイズ

ここでMIを勉強している人たちがよく行っているエクササイズを紹介します。このエクササイズは『Motivational Interviewing (Third edition)』(2012) で紹介されているものを福祉職の方たちが実施しやすいよう、少し変更を加えてみました。

エクササイズ１

①二人一組になる。

②ソーシャルワーカー役とクライエント役に分かれる。

③クライエント役の人は、変えたいと思っているけどまだ実行していないこと（両価性のある話題）をソーシャルワーカーに話す。

④ソーシャルワーカーは、以下のように対応する。
・変化したほうがよい理由を述べていく
・変化することの重要性を伝える
・変化する方法を伝える
・あなたならきっと成功すると伝える

(『Motivational Interviewing(Third edition)』(2012) p.10-11 を参考に作成)

　以上ですが、やりとりの例を挙げておきます。このやりとりは、あくまでも正したい反射（間違い指摘反射）を体験するためのエクササイズです。上手な面接を実践することが目的ではないことを忘れず、楽しみながら取り組んでみてください。

SW：よろしくお願いします。それでは、どういうことを変えていきたいと思っていますか？

CL：社会福祉士の国家試験に向けて勉強したいと思っているのですが、仕事が忙しくて。

SW：（変化したほうがよい理由）

　　ⓐ「社会福祉士の資格がとれれば、相談業務に就けますよ」
　　ⓑ「資格手当もアップします」
　　ⓒ「相談相手からも、より信頼されると思います」

※これらはあくまでも例です。SW役の人は、変化したほうがよい理由について、いろいろと考えてみてください。

（変化の重要性）

　　ⓐ「これからの福祉職は資格をもっていないと」
　　ⓑ「社会福祉士の資格は、相談職にとってとても大切ですよ」
　　ⓒ「よい仕事をするためには資格が必要です」

※これらはあくまでも例です。SW役の人は、変化することの重要性について、いろいろと考えてみてください。

（変化する方法について）
ⓐ「忙しいということですが、まずは時間をつくりましょう」
ⓑ「毎日5分でもいいから、参考書を開くようにしてください」
ⓒ「覚えられない専門用語は、書いて覚えるといいですよ」
※これらはあくまでも例です。SW役の人は、変化するための方法について、いろいろと考えてみてください。

CL：いろいろとやってきたんですが、うまくいかないんですよ。
SW：大丈夫ですよ、○○さんならきっとうまくいきます!!

　エクササイズの例は「社会福祉士国家試験の勉強」としましたが、運動でも禁煙でも、両価性がある話題であればなんでもOKです。

　エクササイズの目的は、クライエントの「変化が難しい」というような発言を聞いたソーシャルワーカーに正したい反射（間違い指摘反射）が起こり、指示的に振る舞ってしまうという体験です。そして指示的に振る舞われたときに、クライエントがどう感じるかという体験です。お互いがこのような体験ができれば、 エクササイズ1 は終了です。

　次は エクササイズ2 です。こちらのエクササイズは、MI風のやりとりを体験してみることが目的になります。

エクササイズ2

①二人一組になる。

②ソーシャルワーカー役とクライエント役に分かれる。

③クライエント役の人は、変えたいと思っているけどまだ実行していないこと（両価性のある話題）をソーシャルワーカーに話す。
（ここまではエクササイズ1と同じです）

④ソーシャルワーカーはアドバイスを一切せず、以下のように尋ねてみる。
　・あなたはどうして変わりたいのでしょうか？
　・その変化を実現するためには、どうしたらいいでしょうか？

> ・変わりたい理由を三つあげてみてください。
> ・変わることは、あなたにとってどのくらい大切なのでしょうか？
> ※どの順番で聞いても構いません。クライエントの話に応じて言葉を変えても（内容が変わらなければ）、もちろん大丈夫です。
>
> ⑤ソーシャルワーカーは、クライエントの話を傾聴する。
> 必要に応じて内容を確認したり、言い換えてみたり、さらに質問して話を掘り下げていってもOKです。その代わり評価など、ソーシャルワーカーの考えを伝えることは控えてください。もちろんアドバイスも禁止です。
>
> ⑥会話が一段落したら、ソーシャルワーカーは、以下のように尋ねてみてください。
> ・それで、どのようなことから始めていくおつもりですか？
>
> (『Motivational Interviewing（Third edition）』(2012) p.10-11 を参考に作成)

今度は **エクササイズ2** の例をあげてみます。

SW：よろしくお願いします。それでは、どういうことを変えていきたいと思っていますか？

CL：社会福祉士の国家試験に向けて勉強したいと思っているのですが、仕事が忙しくて。

SW：どうして合格したいのですか？

CL：今は介護福祉士として特養で働いているのですが、社会福祉士を取得して、地域で生活している高齢者の支援をやりたいんです。

SW：合格することは、あなたにとってどのくらい必要なことなのでしょうか？

CL：地域福祉に携わることは、大学のころからの目標だったんです。

SW：大学のころからの目標だった。だから福祉を勉強してきた。

CL：そうなんです。それに社会福祉士になったら、地域包括支援セ

ンターでがんばってほしいと上司も言ってくれているし。
SW：夢の実現のためにも、今回は合格したい。合格するためには、
　　　どのようなことから始めていきましょうか？

　以上でエクササイズはおしまいです。おつかれさまでした。

　いかがでしたか？　クライエント役の気持ちは、 エクササイズ1 と エクササイズ2 とではずいぶん違っていたのではないでしょうか？
　どちらかのやり方が優れているということはありません。実際の支援の現場では、必要に応じてどちらのやり方も使っていると思います。けれども、両価性を抱えているクライエントに対して、その両価性を解消し、望ましい方向へ変化してもらうためには エクササイズ2 のやり方のほうが成功率は高そうです。
　たとえば、「福祉サービスを利用したいけれども、近所の目が気になる」といったような人に対しては、福祉サービスを利用することのメリットをこんこんと説いていても、サービス利用に結びつく可能性は低いということになります。
　そのような「動かない（変わらない）人」に対しては、 エクササイズ2 のように、その人自身の「サービスを利用したい理由」や「実現するための方法」などを聞いていくほうが変化する可能性が高くなるということです。

▶ 自分の語ったことにこそ説得力がある

　ここまでのことを少し整理しておきましょう。両価性を抱えているクライエントに対して、ソーシャルワーカーが指示的に振る舞ったり説得しすぎたりしてしまうと、ソーシャルワーカーが意図している方向とは逆の方向にクライエントは進んでしまいます。福祉サービスの

利用を熱心に勧めれば勧めるほど、クライエントの気持ちはサービス利用から離れていってしまうことがあるということです（もちろん、すべてのクライエントがそうだということではありませんが）。

　反対に、クライエントが心の中に抱いている「変わりたい」という気持ちについて、クライエント自身の言葉で語ってもらうことが変化につながります。福祉サービスの利用でいえば、両価性を抱えている人には「サービスを利用したい」という気持ちと「サービスを利用したくない」という気持ちの両方があります。ちなみに エクササイズ2 は、「変わりたい」という気持ちに意図的に焦点を当てています。そうすることで、本人の口から「変わりたい」という発言を引き出しているのです。

　私たちは、自分自身が発言することで、その発言内容に確信をもつようになるという傾向があります。たとえば勉強しなければならないとき、他の人から「勉強しろ」と言われると、ますます勉強したくなくなりますよね。あるいは、「時間がない」とか「やっても無駄だ」とか、勉強しない理由を自分が語っていると、勉強しようという気持ちがますます薄れてきます。

　それとは逆に、自分から「勉強するよ」とか「運動するよ」と発言したときに、その発言を他の人から支持されると、やる気が高まってきます。自分の気持ちを受け入れてもらい、さらに「どのようにやろうと思っているの？」と関心をもって聴いてもらえると、ますます気持ちが高まります。自分の「変化したい」という気持ちを語れば語るほど、実行したい気持ちが強くなってくる。そんな体験をした人もいるのではないでしょうか。

　他の人から強制されても、自らマイナス発言を繰り返していても、行動しようという動機は高まりません。ですからMIでは「変わりたい」理由を本人に語ってもらい、それを傾聴するということで、「変

わりたい」という動機を高めていくという方法をとっていくのです。

> **面接のポイント**
> - 正したい反射（間違い指摘反射）に注意する。
> - 「変わりたい」という気持ちについて、クライエント自身の言葉で語ってもらう。

3 三つのコミュニケーションスタイル

　コミュニケーションには三つのスタイルがあります。指示的スタイル、追従的スタイル、ガイド的スタイルです。MIはガイド的スタイルの面接方法だといわれています。以下、それぞれについて簡単に説明していきます。

1 指示的スタイル

　クライエントに対して指示を出していくようなスタイルのコミュニケーションです。情報提供やアドバイスを行い、それに従うことを求めていきます。このスタイルは、「私（ソーシャルワーカー）は、あなた（クライエント）がどうすべきか知っていますよ」という含みをもったやりとりになります。

　指示的スタイルのコミュニケーションとして、服薬指導を行う医師の例があります。服薬指導はお互いの情報交換というよりも、医師から患者へ適切な服薬方法を伝えるというスタイルの面接です。医師は患者にとって必要な情報を提供し、患者はそれに従うという形になっています。

　このような指示的なやりとりは、クライエントの緊急事態に対応するソーシャルワーカーにもみられることがあります。

2 追従的スタイル

　追従的スタイルは、指示的スタイルとは反対のやりとりです。クライエントの話に口を挟まず、傾聴に徹する聴き方です。
　このスタイルのコミュニケーションでは、話の方向を決めるのはクライエントになります。クライエントについていくのがソーシャルワーカーの役割です。
　ソーシャルワーカーがクライエントを受容し、傾聴を続けていくという関係のなかで、クライエントは自己理解を深めていきます。
　追従的スタイルのコミュニケーションは、ターミナル期にあるクライエントに寄り添うとき、あるいは感情的になっているクライエントと話をするときなどに必要なコミュニケーションであるといわれています。「私（ソーシャルワーカー）は、あなた（クライエント）のやり方を信じていますよ」という含みをもったやりとりです。

3 ガイド的スタイル

　ガイド的スタイルは、指示的スタイルと追従的スタイルとの中間に位置しています。ガイド的スタイルのコミュニケーションを説明するときに、よく使われる例えが、文字通り旅行ガイドの仕事だということは第 1 章（16 ページ）で紹介しました。
　ガイドは旅行者に向かって行き先を強く指示することはありません。けれども旅行者が求めた場合、必要な情報を提供します。優秀なガイドであれば、旅行者から直接質問されていなくても、会話のなかから必要と思われる情報を推測し提供することもあるでしょう。また、旅行者が危険な場所に向かおうとしている場合は、相手の気を損なわないように配慮しながら忠告を行うこともあると思います。ただしガイドの基本的な態度は、「最終的な決定は旅行者にある」ということです。

　MIは、このガイド的なスタイルで面接を行っていきます。指示や説得を行うだけでもなく、クライエントの話の傾聴だけで終わるわけでもありません。

　クライエントの話を傾聴しながら、「変わりたい」という動機を引き出し、クライエントとともに変化の方法を考えていきます。そこで必要があれば情報提供やアドバイスを行っていくという面接スタイルがMIです。

▶ 社会福祉領域でのガイド的スタイル

　三つのスタイルを社会福祉の分野に当てはめて考えてみます。

　ソーシャルワーカーが、「このクライエントは、福祉サービスを利用したほうが今よりも生活の質が向上する」と考えている状況を想定します。一方で、クライエントは福祉サービスの利用を拒否しています。

　指示的スタイルでは、皆さんはサービス利用に関する情報を提供したり、今後クライエントに起こるかもしれない危機について説明したりします。それでもクライエントが指示に従わないときは、サービス

利用のメリットについて、さらに一生懸命説明していきます。

（指示的スタイル）
SW：申し込みは簡単です。費用も高くありませんよ。このまま、お一人でやっていけるかわかりませんし。
CL：でも、福祉サービスは利用したくありません。
SW：利用しないともっと大変なことになりますよ。

　追従的スタイルでは、クライエントの話を否定せず傾聴します。クライエントの話を聴く時間が十分にあるときは、追従的スタイルは有効なこともあります。クライエントの気持ちや考えを深く理解することができるからです。話をじっくりと聴くことは、信頼関係をより深めていくことにもなります。
　その一方で、クライエントが福祉サービスを利用したくないと訴えている場合、傾聴を続けていると、現状維持のまま状況を変えることができないこともあります。

（追従的スタイル）
CL：でも、福祉サービスは利用したくありません。
SW：サービスは利用したくないのですね。
CL：そうなんです。他の人に迷惑はかけられないし。
SW：なるほど。自分一人でやっていきたいと思っている。
CL：はい。

　ガイド的スタイルでは、クライエントの話を聴きながら、両価性を探り、両価性を解消していくように働きかけていきます。
　ガイド的スタイルであるMIは、クライエントの「変わりたい」と

いう動機を引き出し、強化していくところが追従的スタイルとは異なるところです。ただ話を聴くだけでなく、意識的に方向づけを行っていくところに特徴があります。

（ガイド的スタイル）
CL：デイサービスを利用するのは、いまはちょっと……。
SW：今すぐの利用は考えていないけれど、将来のことを考えると知識だけはあってもいいかなと。 複雑な聞き返し
CL：そうですね。どういうところかわかっていたほうがいいだろうし、利用するときの手順もわかっていたほうが安心かもしれないな。
SW：デイサービスに関しては、今すぐに利用したいとは考えていないけれど、将来利用するかもしれないし、そのときのために情報は集めておきたいと考えている。 複雑な聞き返し
CL：はい。

　上記の例は「デイサービスに関心はあるけれど、今すぐには利用したくない」という高齢者への対応です。もちろん、面接の初めから「変わりたいけど、変わりたくない」というような、両価性が理解しやすい発言をする高齢者はいないと思います。もしかしたら、「デイサービスなんかいきたくない‼」というような発言かもしれません。

　このような発言であっても、MIを勉強しているソーシャルワーカーは、「今は利用したくないと言っているけど、少しは利用したいかもしれないぞ」とか「デイサービスへの関心はゼロではないよな」というように、両価性を想定して話を聴いていきます。両価性については「1　両価性」（20ページ）で説明しています。

　そして、デイサービス利用に関して「利用したい」という方向の発言があれば、深く掘り下げていきます。高齢者自身の「利用したい」という動機を、高齢者自身の口から直接話してもらい、それをソー

シャルワーカーが関心をもって聴くことで動機を強めていきます。自分自身が話したことには他人に言われることよりも説得力があるということは、34ページの エクササイズ2 で確認していますね。

ソーシャルワーカーは、高齢者の両価性を理解した後、意図的に「デイサービスを利用したい」という話を聴いていきます。反対に「利用したくない」話には触れないようにしていきます。これがガイド的スタイルにおける方向づけです。

このとき注意したいのは、「利用したくない」という維持トークを無視し続けることができない場合もあるということです。「利用したくない」というような発言が何度も出てくるような場合、その発言はクライエントにとって意味のある話かもしれません。しかし、原則は「利用したい」というチェンジトークを傾聴し、深めていくように面接を進めていきます。

> **面接のポイント**
> - 面接には、指示的スタイル、追従的スタイル、ガイド的スタイルの3種類がある。
> - それぞれの面接スタイルには、それぞれの役割がある。
> - MIはガイド的スタイルの面接である。

4 動機づけ面接のスピリット（PACE）

　前節では、三つのコミュニケーションスタイルを紹介してきましたが、ここでは MI のスピリットについて解説していきます。

▶ 動機づけ面接のスピリット（PACE）

　MI のスピリットは「協働（partnership）」「受容（acceptance）」「思いやり（compassion）」「引き出す（喚起）（evocation）」の四つです。それぞれの頭文字をとって PACE（ペース）と呼ばれています。

　MI を使って面接をするとき、このスピリットを忘れないようにしましょう。そうでないと、MI を使って面接をしているつもりでも、クライエントを操作しているようなトリックにみえてしまう危険性があります（MI は他者を操作するような面接法では決してありません!!）。

　MI のスピリットを完璧に学ばないと MI をマスターできないということはありません。MI のスキルとスピリット、同時進行で身につけていきましょう。

▶ 協働（partnership）

　MI は、クライエントが自ら変化していくことを支援する面接方法です。その変化の促進は、ソーシャルワーカー一人だけで上手に進められるものではなく、クライエントとの協働作業が必要です。

　協働作業だということは、クライエントの変化を実現するために

ソーシャルワーカーが「してあげる」ことはないということです。しかし、クライエントと「ともに」行っていくことはあります。それはクライエントの「変わりたい」という気持ちを掘り下げていくことや、変化するための方法についてクライエントと一緒に考えていくことです。

　変わりたいという理由は人それぞれです。福祉サービスを利用するということについても、クライエント本人の理由と、ソーシャルワーカーが考える理由とでは違っているかもしれません。だからこそクライエントの話をよく聴き、クライエントの理由を理解することが大切なのです。ソーシャルワーカーが理由を推測し、それをクライエントに押しつけることのないように気をつけていきましょう。

　「押しつけ」に関して、MIを勉強している人たちの間でよく使われる例えがあります。それは、「MIはレスリングではなくダンスである（社交ダンスのイメージです）」というものです。レスリングは力で相手を押さえ込もうとする競技です。つまり、相手を変えようとして説得や指示を行っていく面接をレスリングに例えているのです。相手を力で押さえ込もうとすれば、相手も負けまいと押し返してき

ます。

一方、ダンスには、お互いが協力して一つのモノをつくり上げていくイメージが当てはまります。もちろん、ダンスにもリードする人と、そのリードについていく人がいます。しかし細心の注意を払いながらリードしているので、お互いが一緒に協力し合って踊っているようにみえるのです。

MIの面接も、クライエントの変化を目指してソーシャルワーカーがリードしていきますが、クライエントとダンスをするように進めていきます。

▶ 受容（acceptance）

次は受容です。大学等で社会福祉を学んでこられた方は、「クライエントを受容する」ことについて、よく理解されていると思います。

受容はクライエントの意見に対して、単に賛同することとは違います。あるいは、本当は変化が必要なクライエントが現状のまま留まっていることを黙認することとも違います。

そうではなくて、クライエントの話していることや行っていることに対して、批判せずに理解していこうという姿勢のことです。

ウィリアム・R・ミラーとスラファン・ロルニックは、来談者中心療法の創始者であるカール・ロジャーズらを引用しながら、以下に挙げる四つの側面から受容について説明しています。

1 絶対的な価値（Absolute Worth）

人間が生まれながらにもっている価値や、本来もっている力を尊重していくことです。カール・ロジャーズの言葉でいえば、無条件の肯定的な配慮（積極的関心）です。無条件とは、「ご馳走してくれるから、あなたが好き」というような条件をつけずに「好き」であるとい

うことです。

　肯定的な配慮（積極的関心）とは、クライエントの感情や考え方、経験などをありのまま理解していこうという姿勢のことです。話を聞きながら「ああ、あそこは問題だ」などと、欠点を探していくこととも異なります。

　その人のありのままを認めるということは、信頼関係を形成していくうえでも大切なことです。人は「自分は受け入れられていない」と感じると、それ以上前に進もうとはしません。変わろうという気持ちも雲散霧消してしまいます。反対に「理解されている」と感じることで、自ら変わろうという気持ちを探索していきます。

2 正確な共感（Accurate Empathy）

　クライエントの気持ちや考えを、正確に理解していくことです。言い方を変えれば、あたかもクライエントになったかのように、物事をみていくことです。そのためには、クライエントの話していることを、批判することなくそのまま聴いていくことが大切です。

　共感は同情とは異なることに注意してください。同情には相手を哀れむ気持ちが含まれていることがありますが、共感には含まれません。

　初めから「クライエントの気持ちを正確に理解するのは無理だ」と考える人もいるかもしれません。大切なのは、より深く理解していこうと努力し続けていくことです。

3 自律性の支援（Autonomy Support）

　人には自分で決め、行動する権利があります。その権利を尊重することが自律性を支援することです。自律を支援することと逆の態度が、他者をコントロールしようとしたり、何かを強制させようとした

りすることです。

　もちろん、私たちは誰かに対して「○○しちゃダメですよ」と言うことはできます。しかしその禁止に対してどうするかを決めるのは、最終的には相手だということを忘れないようにしましょう。クライエント自身に選択する自由があるということを認めることが、自律性の支援です。

　強く禁止されればされるほど、禁を破りたくなるという体験は多くの人がもっていると思います。子どものころ「今日は遊びに行かないで、勉強しなさい」と言われると、ますます遊びに行きたくなりませんでしたか？

　MIでは、クライエントに対して何かを禁止したり、ソーシャルワーカーの考えを押しつけたりしようとすればするほど、心理的な抵抗が強くなると考えています。つまり、こちらが向かってほしいと思う方向とは逆の方向にクライエントが向かってしまうということです。

　反対に、選択する自由を認めることが、クライエントの心の壁を取り除くことになり、その結果クライエント自らが変化する方向へ向

かっていくとMIでは理解しています。

4 是認（Affirmation）

　受容を構成する四つめの要素は、是認です。是認とは、クライエントが自分自身の課題に取り組もうとする強さや努力を認めていくということです。

　変わる、ということはクライエントにとって大変なことです。是認は、自分を変えていこうとチャレンジするクライエントを勇気づけることでもあります。

　クライエントのなかには、自分の強さや努力に気づいていない人もいます。たとえクライエント本人が気づいていなくても、ソーシャルワーカーが強さや努力している点を見つけ出していくことが必要です。

　以上四つが受容を説明する要素です。言葉で説明すると難しい面もありますが、社会福祉の現場では、基本的人権の尊重だとか、その人自身の強み（ストレングス）を認める、という言葉がよく使われています。意識はしていないかもしれませんが、実践のなかではすでに取り入れていることも多いのではないかと思います。

▶ 思いやり（Compassion）

　クライエントの利益を最優先に考えることが、MIの「思いやり」です。社会福祉の現場で働いている人たちにとって、クライエントの福祉やウェルビーイングを一番に考えることは、仕事の前提になっていると思います。

　ウィリアム・R・ミラーとスラファン・ロルニックは、四つあるMIのスピリットのうち「思いやり」以外、すなわち「協働」「受容」

「引き出す」の三つは私たち自身の利益のために利用することもできると考えています。それを説明するためによく使われているのが車のセールスの例えです。

　車のセールスマンは、顧客と協働作業をしながら（ダンスをするように）、車の購入に向けて導いていくことができます。そのプロセスを詳細にみていくと、「協働」「受容」「引き出す」の要素がちりばめられていることに気づくでしょう。もちろん、セールスマンは自分の利益のことばかりを考えているわけではありません。顧客も自分の利益にならない車を購入することはありません。

　しかしセールスマンが「協働」「受容」「引き出す」を利用するのは、究極的には販売台数を増やすためです。販売台数を増やすという目的が達成できなければ、「協働」「受容」「引き出す」を意識することはあまりないと思います。

　ところが、「思いやり」は販売台数を上げるためには利用することができません。なぜなら「思いやり」は、クライエントの利益を最優先にするからです。車の販売店に来た人が「車も買いたいが、今回はキッチンのリフォームをしたい」と希望した場合、車のセールスマンが手伝うべきことは何もありません。販売台数を下げてまで顧客のためになることは不可能だからです。

▶ 引き出す（Evocation）

　クライエント自身のなかに、変化のために必要なものはすべて揃っています。ソーシャルワーカーの役割は、クライエントと一緒に必要なものを探しに行くことです。すなわち、変化のための方法を、クライエントのなかから引き出していこうとのがMIの考え方です。

　この考え方の反対にあるのが、「私にはあなたに必要なものがわかっています。今からそれをお渡しします」という考え方です。こう

いう考え方が悪いといっているわけではありません。ときには必要な場合もあります。たとえば緊急手術の現場などでは、医師は状況に応じて的確に指示を出していく必要があります。クライエントから気持ちや手術の方法について引き出していく余裕はないかもしれません。

しかしクライエントの変化を支援していく場合には、指示ではなく引き出していくことが必要です。変化の動機、変化の方法、変化に必要な社会資源などはクライエントのなかにあるからです。

以上がMIのスピリットです。これまでにも説明してきましたが、MIのスピリットは、社会福祉の専門家であるソーシャルワーカーにとってはなじみやすいものが多いと思います。

クライエントと一緒に問題解決にあたっていく、クライエントを受容する、クライエントの福祉を最優先する、クライエントのなかにある資源を活用していく、という四つのスピリットは、どれも皆さんの日頃の実践で活かされているのではないでしょうか。

▶ どちらの方向に進んでいくことを応援するのか？

これまで、MIはガイド的な面接法であると説明してきました。クライエントが両価性を解消し、クライエントのこれからの生活がよりよい方向に進んでいけるよう、意図的に話を聴いていくことがガイド的なスタイルの面接方法です。

ここで少し考えていかなければならないことがあります。それは「どちらの方向に進んでいくことが、クライエントのためになるのか」ということです。

もともとMIは、依存症の支援から始まったということは以前にも紹介しました。アルコールの問題では、本人が問題を自覚しているかしていないかにかかわらず、医療関係者の支援の方向は「健康を取り

戻す」ということになると思います。患者が「酒をやめなければならないことはわかっているが、飲み続けたい」という両価性を抱いていたとしたら、「酒をやめる」という方向に進んでいくような支援を行っていくことになります。健康を回復するためには禁酒することが必要だからです。

　アルコールの問題だけでなく、タバコやその他の薬物依存に関しても、同じように「やめる」という方向に進んでいけるように支援していくことに反対する医療関係者はいないと思います。

　このような「方向づけ」に関して「MIは人を操作する技術なのではないか」と考える人もいます。しかしこれは誤解です。

　たとえば「酒をやめなければならないことはわかっているが、飲み続けたい」という両価性は、どちらもクライエントの気持ちです。もともともっていない気持ちを植えつけているわけではありません。たとえゼロに近くても、本人のなかに「酒をやめたい」という気持ちがあるならば、本人の健康を取り戻していくために「酒をやめる」という動機を強化し、禁酒という行動がとれるようにしていくというのがMIの方向づけです。

少し言い方を変えて説明してみます。二股に分かれた道で、クライエントがどちらに進もうか迷っているとします。この二つの道は目的地が異なります。一方はクライエントの健康がゴールです。もう一方は、依存という病気の悪化が終着点です。

　クライエントはゴールを自覚していない場合もあるし、自覚している場合もありますが、このような場合、専門家としてはクライエントが「健康」というゴールにたどり着けるように支援していくと思います。これが方向づけです。

　クライエントが二股に分かれた道でどちらに進もうか迷っているとき、「こちらに進みなさい」と強く伝えるのが指示的なスタイルです。じっくり話しを聞き「どちらに進んでも支持しますよ」というメッセージを送っていくのが追従的なスタイルです。クライエントの話を聴きながら、「健康」というゴールに導いていくのがガイド的なスタイルです。

▶ 社会福祉分野における両価性と方向づけ

　アルコールや薬物依存などの医療的な問題の場合に比べると、ソーシャルワーカーが出会う問題は、ゴールがはっきりしていないものが多いかもしれません。

　たとえば介護で疲れきっている介護者が「サービス利用したい気持ちもあるけれど、近所の目も気になるので使いたくない」という場合には、「サービス利用」というゴールを設定してもよいでしょう。

　ところが、一人暮らしをしている健康な高齢者が、サービス利用に関して両価性を抱えていたらどうでしょうか？

　このような場合は、特定の方向に（少なくても今すぐには）方向づけしていくことが難しいかもしれません。このような「どちらでも大丈夫」というような場合は、MI を使って面接を進めていくかどうか

の検討が必要です。

　方向づけを行っていく場合には、「その方向に進んでいくことが、本当にクライエントのためになっているか」ということを常に考えていく必要があります。そのための指標となるのがMIのスピリットなのです。

　さあ、次は具体的なスキルについて学んでいきましょう。

> **面接のポイント**
> - MIのスピリットは、協動、受容、思いやり、引き出す、の四つ。
> - 「その方向に進んでいくことが、本当にクライエントのためになっているか」ということを常に考える。

MIで地域の力を引き出す

芳賀町役場　山中夏子さん

　私は自治体職員であり、まちの保健師として、直接の対人援助や地域全体で健康になること、障害があってもなくても心地よく暮らしていくことといった、地域に住んでいる人の暮らしの下支えのような仕事をしています。

　具体的には、健康診査を企画実施し、保健指導といって、メタボリックシンドロームの人と一緒に健康になるための個別プログラムを作成、提供しています。また、乳幼児期や学童期のお子さんのからだや心の健康を保つための助言、そのお母さんが困っていることについての相談支援、障がいをもつ人やその家族、生活困窮の人やひとり親家庭・DV等で困っている人への相談援助を行っています。必要なときには、病院や学校、警察などの関係者との連絡調整、ケースワークも行います。そのほかには、児童虐待について多世代で学び考え、自分たちの課題として、どう行動していくのかを実践までコーディネートしています。また、身体の健康は個人の生活習慣による影響が大きいということから、「より健康的に、また健康維持できるよう、自ら行動変容していくような環境づくり」について、公共交通機関の利用など移動手段についても視野に入れて町の人と話しあい、自分たちのできること（近所でウォーキンググループや運動教室の立ち上げなど）を実践するためのお手伝いをしています。

　MIを知ってからは、格段に対人援助がしやすくなったと感じています。健康診査を拒否している人への声のかけ方、保健指導を嫌がる人への声のかけ方、やめたいけどやめられないタバコやお酒の相談、言うことを聞かない子どもをどうしても叩いてしまい、きつく叱ってしまうお母さんの相談、発達障害かもしれないわが子をなかなか受け入れられないお父さんの相談、不登校や自傷行為を自分でもどうしていいかわからない小中学生の相談、気づかないうちに妊娠し出産を悩んでいる若年妊婦の相談、精神症状が辛いのに病院受診を悩んでいる人の相談、生活保護を受けながらもギャンブルがやめられない人の相談、DVで辛いがなかなか一歩を踏み出せない人の相談、一人の患者さんや児童に深くかかわる時間がないことに不全感を感じている専門家と連絡調整するとき……とにかくいろいろな

場面で、MI やそのスピリットをよく使うようになりました。
　私が大学や職場に入って新人のころ学んだのは、健康や健全な暮らしを維持増進する正しい方法です。MI から学んだのは、それを目の前の人たちが実践するプロセスに、いかに付き合うか、ということなのだと感じています。
　例えば、世界一おいしい食べ物が目の前にあって、それを大好きな彼女に食べてもらいたいとします。そのときに「とにかく食べてみて！」と強く訴えるのではなく、彼女が自分から食べたくなるように、動機を高めるのが MI です。また、食べたくないと言われても、まずはその思いを受け止め、彼女の思考に向き合います。
　少し視点を変えてみます。専門家でない人のなかに、MI の所作は知らずとも、普段の暮らしの中でスピリットが身についている人が意外といます。
　数年前に、まちづくりや自治の勉強のため、世界一暮らしやすい町として有名になったオレゴン州のポートランドに行きました。いちばん印象的だったのは、町に住んでいる人たちがみんなの意思で行政を動かし、自らの手で地域をつくるという市民自治を丁寧にやっている姿でした。そこでキーマンになっている人は、一人のデマンドを強く主張するのではなく、近所で一緒に活動する仲間として、自分たちがどうしたいのかを引き出すのがうまい人でした。また、組織を力ずくではなく、みんなの意見を腐葉土のように重ねて肥やしにしていく、そんなパーソナリティーで、まわりに集まってくる協力者は同じように MI スピリットにあふれた人たちでした。MI のお作法通りに行っているわけではもちろんないのですが、態度やコミットメントの引き出し方、計画までの段階を丁寧に積み上げているところも圧巻でした。ここからの学びは、専門家は専門家の鎧を脱いで、地域に巻き込まれていくことが、地域の力を引き出すことになる、ということです。そして、その一方で、私の専門家としてのスキルの部分も研ぎ澄ませていきたいと考えるようになりました。

第 3 章
動機づけ面接の進め方

　第3章ではMIの進め方とスキルについて学んでいきます。MIには四つのプロセスがあります。それは「かかわる」「焦点化する」「引き出す（喚起）」「計画する」です。ソーシャルワーカーは、四つのプロセスのどのあたりにいるのかということを意識しながら面接を進めていきます。
　つぎにMIのスキルについて学んでいきます。主なスキルは、「開かれた質問」「是認」「聞き返し」「要約」です。この四つのスキルを使いながら、クライエントの動機を高めていきます。

動機づけ面接（MI）は四つのプロセスで構成されています。「かかわる（engaging）」「焦点化する（focusing）」「引き出す（喚起）(evoking)」「計画する（planning）」です（**図：四つのプロセス**）。ソーシャルワーカーは、この四つのプロセスを意識しながら面接を進めていきます。

　「かかわる」プロセスでは、ソーシャルワーカーがクライエントとの信頼関係を構築し、「ともに問題を解決していこう」という気持ちを強めていきます。

　「焦点化する」プロセスでは、取り組むべきクライエントの問題を定めていきます。「どのような問題を取り扱っていくか」ということを、クライエントとともに考えていきます。

　「引き出す（喚起）」プロセスでは、行動変容に関するクライエントの動機を引き出し、強めていきます。

　「計画する」プロセスでは、変わろうという動機が高まったクライエントとともに、行動変容に関する具体的な計画を立てていきます。

　これら四つのプロセスは、どのような分野でMIを実践していく場合でも共通しています。

　それではこの四つのプロセスについて詳しく見ていきましょう。

図：四つのプロセス

- かかわる（engaging）
- 焦点化する（focusing）
- 引き出す（喚起）（evoking）
- 計画する（planning）

『Motivational Interviewing（Third edition）』p.26 を参考に作成

1 かかわる (Engaging)

　「かかわる」は、クライエントとソーシャルワーカーが信頼関係を形成していくプロセスです。言いかえれば、ソーシャルワーカーとクライエントがお互い信頼し合い、「ともに問題を解決していこう」という同盟関係を結ぶことです。この同盟関係はソーシャルワーカーとクライエントが出会って短時間で築ける場合もあるし、反対に時間がかかる場合もあります。

　信頼関係の形成は、クライエントの「変わりたい」という動機を強化していくための第一歩です。さらにいえばMIの土台でもあります。「焦点化」のプロセスでも、「引き出す」プロセスでも、あるいはクライエントとともに行動変容のための計画を立てているときも、面接中はクライエントとの関係に気をつけてください。

　信頼関係は些細なことで壊れてしまいます。一度築けた信頼関係が、ソーシャルワーカーの些細な言動で壊れてしまうこともあります。ですので、クライエントの言動に気を配り、関係に少しでも変化があれば、修正しながら面接を続けていきます。

▶ かかわりをより強めていくために

　クライエントとのかかわりは、MIを進めていくうえではとても大切です。しかし、以下のような行動はクライエントとの関係を壊してしまうことがあるので注意が必要です。

1 アセスメントに夢中になりすぎる
2 安易に目標を設定してしまう
3 ラベリング

この三つについて詳しくみていきましょう。

1 アセスメントに夢中になりすぎる

クライエントと初めて会うとき、私たちはできるだけその人のことを知りたいと思い、いろいろと質問してしまうことがあります。質問自体が悪いわけではなく、クライエントの問題解決のためには、情報を集めていくことも必要です。

しかし情報収集には、クライエントの気持ちを受動的にしたり、本来は対等であるべきソーシャルワーカーとの関係を「一段下」にしてしまったりするという危険もあります。

たとえば、以下のようなやりとりはどうでしょうか。

SSW：今日はお子さんの相談ということですが、どうしました？
母親　：子どもが学校に行きたくないって言うんです。
SSW：いつごろからですか？
母親　：2週間くらい前からです。
SSW：朝はちゃんと起きていますか？
母親　：はい。
SSW：夜は何時に寝ていますか？
母親　：だいたい22時くらいです。
SSW：それは以前からですか？
母親　：はい。
SSW：学校には仲のよい友だちはいますか？

母親　：はい。今でもときどき遊びに来てくれます。
SSW：先生との関係は？
母親　：家庭訪問をしてくれています。
SSW：お子さんは先生と話していますか？
母親　：はい。

　ここではソーシャルワーカーが質問し、その質問に母親が答える、という会話が続いています。ソーシャルワーカーは、問題解決に必要な情報を集め、アセスメントをしようとしています。そのこと自体が悪いわけではありません。ただ、このような会話が続くと、母親はソーシャルワーカーの質問を受動的に待っているだけの状態になってしまいます。

　MIは、クライエントが「変わりたい」という気持ちを自ら表明できるように面接を進めていきます。ところが、ソーシャルワーカーがアセスメントのための質問に夢中になりすぎてしまうと、クライエントは自分の気持ちを積極的に表明するというよりは、質問を待ち、聞かれたことに答えるだけのやりとりになってしまいます。

　ソーシャルワーカーやクライエントがはっきりと意識しているかはわかりませんが、質問を繰り返していると、クライエントは心のどこかで、「もし私がきちんと質問に答えることができれば、ソーシャルワーカーがよい答えを教えてくれるだろう」と考えるようになってしまうかもしれません。このようなやりとりは、MIでは注意する必要があります。

2 安易に目標を設定してしまう

　ソーシャルワーカーがクライエントの目標を勝手に決めてしまうことも、かかわりを強めていくうえでの障害となります。

クライエントの話を聞いているうちに、社会福祉の専門家であるソーシャルワーカーの頭の中には、クライエントに伝えたい「ベスト」な答えが思い浮かんでくるかもしれません。しかし、クライエントにも「こうしたい」という考えがあります。

　たとえば、登校を渋る子どもの相談に来た母親の話を聞いたソーシャルワーカーは、子どもに発達的な問題を感じ、医療機関への受診を提案することがあります。ところが母親は医療機関への受診よりも、勉強の遅れについて相談したい、と考えていたとしたらどうでしょうか？　このような場面で、母親の話を理解する前に「医療機関での受診」というような目標を設定してしまうと、協働作業がうまくいかなくなってしまいます。

　MI は、ソーシャルワーカーという社会福祉の専門家とクライエントという自分自身の専門家が、協働で問題解決にあたっていくというスタイルの面接方法です。クライエントとの協働作業を進めていくためには、ソーシャルワーカーの考えを一方的に押しつけるのではなく、まずはクライエントの話を傾聴し、同盟関係を強固なものにしていく必要があります。情報提供やアドバイスは、クライエントとの信頼関係が強固なものになったときに、かつクライエントが求めている事柄について行っていきます。情報提供やアドバイスの方法については第 5 章（140 ページ）で説明していきます。

3 ラベリング

　クライエントの話を十分理解しないうちに状況判断をしてしまうことにも注意が必要です。たとえば、学校の中でいろいろと問題を指摘されている子どもの母親との面接で、話を少し聞いただけで「お子さんは ADHD ですね」だとか、「学習障害のようですね」というような、ソーシャルワーカー自身の判断を伝えることは控えるようにしま

す。このようなラベリングはクライエントの不協和を引き出してしまいます。

このような不協和を避けるために、以下のようなやりとりを参考にしてください。

母親：それでは、うちの子は発達障害だというのですか？
SW：○○ちゃんに診断名をつけることよりも、私が話し合いたいのは、○○ちゃんが学校で楽しく過ごしていくためには、どのようなお手伝いが必要かということです。

いかがでしょうか。このやりとりでは、ソーシャルワーカー自身が安易な判断（ラベリング）をしないように注意しています。

もしかしたら、母親はソーシャルワーカーと面接を行う以前から、子どもの「問題」を指摘され続けてきたかもしれません。それなのに皆さんからも同じような判断が伝えられたとすれば、「ああ、また同じだ」と失望してしまうでしょう。

あるいは、子どもの障害について、まだ受け止められない気持ちを

抱えている母親の場合は、安易なラベリングに対して不協和で応じてくることもあります。不協和が大きくなればなるほど、面接を進めていくことが難しくなります。

面接のポイント
- 四つのプロセスを忘れない。
- クライエントとの関係には、常に注意を払う。

2 焦点化する (Focusing)

　焦点化のプロセスでは、クライエントの解決すべき問題を具体的に絞り込んでいきます。

　ソーシャルワーカーのところへ相談に来るクライエントは、多くの場合さまざまな問題を抱えています。たとえば、登校を渋る子どもの相談に来た母親の面接を行っていると、「子どもを学校に行かせたい」という話のほかに、「近所の人から発達障害ではないかと言われた。子どもを受診させたほうがいいか？」とか、「夫があまり協力的ではない」とか、「姑に（子どもが登校を渋るのは）母親が甘やかすからだと言われた」などといった、子どもへの対応以外の問題が出てくることがあります。

　そのような問題に耳を傾けながら、問題を整理し、どの問題から取り組んでいくかを、クライエントと一緒に考えていくのが焦点化するプロセスです。

　どの問題から取り組んでいくかを最終的に決めるのは、もちろんクライエントです。

　これまで説明してきたことを、事例を通して見ていきましょう。

〈事例の概要〉
　2年前に離婚した勝美さん（36歳）は、今年小学校に入学した大翔（ひろと）くん（6歳）と、実家で生活しています。
　専業主婦だった勝美さんは、現在就労していません。同居している両親が年金で生活しているので、「働かなければ」という気持ちは

ありますが、大翔くんのことが気になり、仕事を探すことができません。

　大翔くんは手のかからない子だと勝美さんは思っていたのですが、保育園に通うようになると、保育士さんから「気持ちの切り替えができない」とか、「こだわりが強く、お友達とうまく遊べない」というような話をたびたび聞くようになりました。

　小学校に入学してからは、担任の先生から「友達とうまく遊べない」「漢字が覚えられない」「算数の勉強を拒否する」という連絡が入ってきます。家で宿題をさせようとしても大翔くんは大声を上げて拒否します。

▶ 勝美さんと SSW との面接①

SSW　　：お母さんがいまお困りのことって、どのようなことでしょうか？ 開かれた質問

勝美さん：担任の先生からいつも言われているんですが、大翔が学校でちゃんとできていないんです。お友達ともうまくいっていないようですし。

SSW　　：学校で楽しく過ごせているか心配なときがある。 複雑な聞き返し

勝美さん：保育園に通っていたときから「こだわりが強い」って保育士さんに言われていたんです。

SSW　　：そうでしたか。コミュニケーションの面でも、うまくできているかなあと。 複雑な聞き返し

勝美さん：はい。家でも宿題をやろうとしないし、私が「教えてあげる」って言っても、耳をふさいじゃうんです。おじいちゃんのスマホでずっと遊んでいるだけなんです。

SSW　　：学校では勉強や友達との関係が、家では宿題やスマホのことが心配なんですね。他には？ 単純な聞き返し 開かれた質問

勝美さん：そうですね。私たちはいま実家で暮らしていますが、おじいちゃんやおばあちゃんが大翔を甘やかしちゃって。ゆくゆくは二人で暮らしていきたいと考えているんですが、そ

	のためには私が働かないと。
SSW	：お子さんのことや、ご自身のこと、考えていかなければならないことがいろいろとおありのようですね。大翔くんが学校で楽しく過ごしていくためには、勉強面やコミュニケーション面で支援を考えていく必要がある。そしてご家庭では、おじいちゃんやおばあちゃんとの距離の取り方や、お母さん自身の将来について考えていきたいと。 クライエントの話を要約
勝美さん	：なんだかいろいろと大変なんです。でも今日こちらに伺ったのは、大翔の勉強について教えてもらおうと思ったからなんです。

　勝美さんや勝美さんの両親の状況を考えた場合、ソーシャルワーカーは、「クライエントの生活改善のためには母親の就労支援を行っていく必要がある」と考えるかもしれません。あるいは、大翔くんの「発達課題」について取り上げることが優先事項であると考えるかもしれません。

　しかし、焦点化のプロセスではクライエントの気持ちを優先していきます。クライエントに解決したい問題があり、その問題が専門家である皆さんからすれば「それほど重要ではない」問題であっても、まずはクライエントの気持ちを優先し、クライエント自身が優先したいと考えている問題を取り上げるようにしてください。

　今回の面接で、勝美さんは大翔くんの勉強について話し合いたいと言っています。ですからこの段階では、勝美さんの気持ちを優先し、大翔くんの勉強について話を進めていきます。

　そしてその後で、皆さんが解決すべきだと考えている問題を、提案という形でクライエントに示すことは可能です。

▶ MIにおける提案

　ソーシャルワーカーが必要だと思うことを、クライエントに伝えるためにはどうしたらいいのでしょうか。先ほどの事例でいえば、勝美さんは大翔くんの勉強について話をしていきたいと思っています。一方、スクールソーシャルワーカーは大翔くんの発達課題について話を進めていきたいと考えているとしましょう。

　このようなときMIでは、クライエントの許可を得て提案やアドバイスを行っていきます。たとえばこんな感じです。

▶ 勝美さんとSSWとの面接②

SSW　　：お子さんのことや、ご自身のこと。考えていかなければならないことがいろいろとおありのようですね。大翔くんが学校で楽しく過ごしていくためには、勉強面やコミュニケーション面で支援を考えていく必要がある。そしてご家庭では、おじいちゃんやおばあちゃんとの距離の取り方や、お母さん自身の将来について考えていきたいと。

勝美さん：なんだかいろいろと大変なんです。でも今日こちらに伺ったのは、大翔の勉強について教えてもらおうと思ったからなんです。

SSW　　：大翔くんの勉強についてお知りになりたいことがあるということですね。 _{単純な聞き返し}

勝美さん：はい。

SSW　　：それでは、今日は大翔くんの勉強についてどう進めていくか話をしていきたいと思います。その後で私のほうからも少し話し合っていきたいことがあるのですが、よろしいでしょうか？ _{許可を得て提案}

勝美さん：どのようなことでしょうか？

SSW　　：先ほどお母さんが話されていた、大翔くんのこだわりについて、もう少し教えていただきたいと思っています。

勝美さん：わかりました。よろしくお願いします。

　複雑に絡み合った問題を抱えてソーシャルワーカーのもとへ相談に来るクライエントの問題を、一度にすべて解決してしまうことは、とても難しいことです。ですから、どの問題から取り組んでいくか、クライエントとともに考えていく作業が必要です。それが焦点化のプロセスです。

　かかわりのプロセスでも説明しましたが、専門家としての皆さんには最優先で取り組みたい問題があるのと同じように、クライエントにも優先したい問題があるということを忘れてしまうと、信頼関係が壊れてしまいます。

　クライエントから不協和を引き出さず、信頼関係を深めながら、行動を変えていくためには、意見の対立は避けなければなりません。そのためには一歩譲って、大局を見つめるということが必要な場合もあります。

　一方で、面接の初めからクライエントの課題が明確に決まっている場合もあると思います。そういう場合は焦点化に時間をかける必要はありません。

▶ 強化の方向が定まらない場合は中立的に傾聴する

　MIはクライエントの「変わりたい」という気持ちを強化し、行動変容に結びつけていくための面接法です。ですから、もし、「変わりたい」という気持ちが100％であればMIは必要ありません。ソーシャルワーカーの働きかけがなくても、クライエントは行動するでしょう。そのような場合は、クライエントは行動するために必要な情報を求めてソーシャルワーカーのもとに相談に来るのではないでしょうか。そういう場合にはMIをあまり意識せず、ソーシャルワーカーはクライエントが求めている情報を提供していけばいいのです。

　けれども多くの場合、クライエントは両価性（20ページ）を抱えています。その両価性を解消するために、ソーシャルワーカーはクライエントの「変わりたい」という気持ちを強化していきます。この点が来談者中心的な面接との違いでもあります。来談者中心的な面接では、「変わりたい」という気持ちも、「今のままでよい」という気持ちも、同じように中立的に傾聴していきます。どちらの方向に進むかは、クライエントに委ねられています。

　このように、MIではクライエントの「変わりたい」という気持ちに焦点を当てて傾聴していきますが、社会福祉の領域でMIを使う場合は少し注意が必要かもしれません。この点について、もう少し説明していきます。

▶ どちらに進んでも大丈夫な場合

　社会福祉の分野では、たとえば福祉サービスを利用するかしないかという問題に対して、クライエントが望むのであれば「どちらでもよい（少なくとも現時点では）」という状況もあります。先ほど示した事例でも、勝美さんや大翔くん本人が拒否するのであれば、発達障害かどうか明らかにするための検査は、今すぐに受ける緊急性はないの

かもしれません。

このような「どちらでもよい」と考えられるケースに対しては、MIを使って「変わりたい」という動機を強化していく面接法よりは、クライエントの話を中立的に傾聴していくことが必要です。

ここでのポイントは、クライエントのQOL向上に寄与しているかという視点です。クライエントが（少なくとも現時点では）福祉サービス利用を拒否していても、サービス利用がクライエントのQOL向上に寄与すると考えられる場合は、MIを使ってサービス利用に関する動機を引き出していく必要があるでしょう。

ソーシャルワーカーがMIを使って面接を進めていく場合は、ソーシャルワーカーの倫理綱領などを参考にしながら、クライエントの行動変容が本当にクライエントの福祉に寄与するかということについて、常に考えていく必要があります。

> **面接のポイント**
> - どの問題から取り組んでいくかは、クライエントの気持ちを優先する。
> - 提案やアドバイスは許可を得てから。

3 引き出す（喚起）
(Evoking)

　引き出すプロセスでは、クライエントの「変化したい」という動機を引き出し、さらに強化していきます。そのためには、面接を行っているとき、クライエントのチェンジトークに気づくかが鍵になります。クライエントの話のなかにちりばめられているチェンジトークを拾い上げていくことで、クライエント自身の中にある「変わりたい」という動機を引き出し、より強めていくことができます。

　クライエントの動機を高めていくためには、第4章で説明するOARSを使いこなしていく必要があります。

▶ 会話のなかに出てくる両価性はあたりまえのこと

　たとえば、皆さんが健康のために運動をしたいと考えていますが、なかなか実行できずにいます。そして、そのことを誰かに話すときには、以下のようになるのではないでしょうか。

・運動したいんだけど、時間がないんだよ……。
・健康のためにはね、わかってはいるんだけど、きっかけがね……。
・ジムに通おうと思っているんだけど、仕事が忙しくて……。
・昨日からジョギングを始めたんだけど、いつまで続くかなあ……。

　セリフや状況は違いますが、いずれも「運動したい」けれど「できない」と語っています。このような会話は、私たちの日常会話のな

かでは珍しくありません。私たちは、「変化したい」と考える一方で「現状維持でよい（変わりたくない）」と考えているのです。このような状態をアンビバレント（両価性）といいます。

　忘れてはならないのは、両価性は会話のなかでは普通のことだということです。

　第5章（116ページ）で詳しく解説しますが、「変化したい」（ここでは運動したい）という気持ちを表明している発言をチェンジトークといいます。反対に「現状維持でよい」という気持ちを表明している発言を維持トークといいます。会話のなかでは、チェンジトークと維持トークとが混じり合っています。

　MIはクライエントの「変化したい」という動機を強めていくための面接方法です。「変化したい」という動機を強めていくためには、会話のなかのチェンジトークに気づき、そこに応じていく必要があります。

　先ほどの発言を詳しくみれば、チェンジトークと維持トークがみつかります。

・運動したいんだけど、 [チェンジトーク]
　時間がないんだよ……。 [維持トーク]

・健康のためにはやりたいんだけど、 [チェンジトーク]
　きっかけがなくてね……。 [維持トーク]

・ジムに通おうと思っているんだけど、 [チェンジトーク]
　仕事が忙しくて……。 [維持トーク]

・昨日からジョギングを始めたんだけど、 [チェンジトーク]
　いつまで続くかなあ……。 [維持トーク]

▶ 説得は反対の方向に向かってしまう

　もう一つ大切なことは、両価性をもっている人に対して変化するように説得すると、反対の方向へ、つまり現状維持の方向へ向かってしまう可能性が高くなるということです。先ほどの例を使って見てみましょう。

友人　：運動したいんだけど、時間がないんだ。
あなた：運動はいいよね。私もときどき走っているけど気持ちいいよ。
友人　：そうだよね。でも仕事が忙しくて。
あなた：時間は作るものだよ。私は朝1時間早く起きているんだよ。
友人　：すごいね。でも私に早起きは難しいかな。

　こんな感じでしょうか。MIでは、人は自分の話している内容に説得される傾向があると考えています。だから維持トークを語れば語るほど、その人は現状維持の気持ちが強くなってしまうのです。説得から引き出されるのは維持トークです。そして維持トークを語れば語るほど、「変わらなくてもよいのではないか」という気持ちが高まって

くるというわけです。

　大切なのは、クライエントにチェンジトークをより多く語ってもらうことです。

▶ チェンジトークを引き出していく

　クライエントの話を傾聴することは、面接では大前提ですが、傾聴するだけではクライエントのチェンジトークは増加しません。クライエントの発言のなかにチェンジトークを増やしていくためには、ソーシャルワーカーの意図的な働きかけが必要になってきます。

　少し専門的な話になりますが、私たちが何か行動したとき、その行動の直後によいこと（「報酬」とか「好子」といいます）が与えられると、行動が増加することが知られています。ですから、クライエントがチェンジトークを口に出したら（これが行動です）、すかさず関心をもって掘り下げていく（これが好子に当たります）のです。こうすることで、発話のなかのチェンジトークを増やしていくというのがMIの戦略なのです。

▶ 開かれた質問を使ってチェンジトークを増やしていく

　クライエントのチェンジトークを増やしていくための方法として、開かれた質問があります。少し工夫が必要な点は、クライエントの答えがチェンジトークになるように、開かれた質問を使っていくところです。

　クライエントは「変化したい」という気持ちと「このままでよい」という気持ちを抱えています。そこでMIでは「変化したい」という気持ちに焦点をあてて、開かれた質問をしていきます。そうすることで、クライエントは「変化したい」という気持ちについて、より多くの情報を提供してくれるようになります。そのような情報に対して、

ソーシャルワーカーは傾聴し、さらに開かれた質問や聞き返しを行うことで、「変化したい」というクライエントの気持ちを強めていきます。

それでは開かれた質問の工夫例を具体的に見ていきましょう。

1 変化の願望について質問する

クライエントの「変化したい」という願望に焦点をあてた質問です。

勝美さん：家でも宿題をやろうとしないし、私が「教えてあげる」って言っても、耳をふさいじゃうんです。おじいちゃんのスマホでずっと遊んでいるだけなんです。
SSW①：大翔くんとの関係をどうしていきたいですか？
SSW②：スマホとの付き合い方がどのようになればいいとお考えですか？
SSW③：お母さんとしては、どのような変化が望ましいのでしょうか？

2 変化する能力について質問する

「変化したい」というクライエントに、変化していくためにはどういうことができるかを尋ねる質問です。

勝美さん：家でも宿題をやろうとしないし、私が「教えてあげる」って言っても、耳をふさいじゃうんです。おじいちゃんのスマホでずっと遊んでいるだけなんです。
SSW①：宿題に関しては、どのようなことができますか？
SSW②：おじいちゃんと相談するとしたら、どのように話を進めていくことができますか？
SSW③：現状をよくしていくためには、どのようなことが可能でしょうか？

3 変化する理由について質問する

「変化したい」というクライエントに理由を尋ねていく質問です。この質問に対するクライエントの答えは、「変化したい」という気持ちの表明です。

勝美さん：家でも宿題をやろうとしないし、私が「教えてあげる」って言っても、耳をふさいじゃうんです。おじいちゃんのスマホでずっと遊んでいるだけなんです。
SSW①：どうして大翔くんに宿題を教えようと思ったのでしょうか？
SSW②：スマホとの付き合い方を変えていきたい理由を教えてください。
SSW③：どうして大翔くんが変わる必要があるのでしょうか？

4 変化の必要性について質問する

変化がどのくらい必要なのかをクライエントに尋ねる質問です。

勝美さん：家でも宿題をやろうとしないし、私が「教えてあげる」って言っても、耳をふさいじゃうんです。おじいちゃんのスマホでずっと遊んでいるだけなんです。
SSW①：大翔くんが勉強することは、どのくらい必要なのでしょうか？
SSW②：大翔くんの生活を見直していくことは、どのくらい必要なことなのでしょうか？
SSW③：スマホとの付き合い方を考えていくことは、どのくらい必要なのでしょう。

　1から4までの質問に関して、厳密に区別する必要はありません。目指すのはクライエントからさらなるチェンジトークを引き出していくことです。

　コツはクライエントの発言すべてに対して傾聴するのではなく、チェンジトークに対してより丁寧に応じていくということです。維持トークすべてを無視することは、信頼関係を形成するうえでも難しいかもしれません。ですから維持トークにはさらりと応じ（もちろん丁寧に）、チェンジトークには、さらにチェンジトークがクライエントの口から出てくるように応じていくことです。

　以下のような質問も、クライエントからチェンジトークを引き出していくためには有効な方法です。

▶ 重要度を尋ねる質問

　開かれた質問以外にも、チェンジトークを引き出すための方法があります。それが重要度を尋ねる質問です。

「大翔くんの"こだわり"について話し合っていくことは、どのくらい大切なことなのでしょう。たとえば、0を「全く必要ない」、10を

「最優先で取り組むくらい大切」とした場合、どこらへんに当てはまりますか」

　たとえばクライエントが「6」と答えたとします。大切なのはクライエントの答えに対するソーシャルワーカーの対応です。クライエントが答えた数字よりも小さい数字を使って以下のような質問をしてみてください。この質問に対するクライエントの返事は、チェンジトークになります。

　このようなクライエントの気持ちを数値化して答えてもらう質問をスケーリング・クエスチョンといいます。スケーリング・クエスチョン自体はMIのオリジナルではありませんが、その使い方にはMI独自の工夫があります。

SSW　：どうして3とか4ではなくて、6なのでしょうか？
勝美さん：最近は学校から帰ってきても面白くなさそうにしているし、やっぱり、お友達との関係は大切だと思うんです。勉強は少しくらいできなくても、学校でお友達と楽しく過ごしてほしいし……。

　ところが以下のように質問してしまうと、クライエントの答えは維持トークになってしまいますので注意してください。

SSW　：どうして8とか9ではなくて、6なのでしょうか？
勝美さん：他のお母さんから聞いたことなんですけど、こだわりって治らないんですよね。担任の先生はいろいろと言ってきますが、家ではそんなに困っていません。

　必要なのは、クライエント自身からチェンジトークを引き出していくことです。前にも説明しましたが、人は自分の口から出た言葉に納

得するという傾向があります。ですから私たちは、クライエントからチェンジトークが出てくるように工夫して質問していく必要があるのです。

　そしてクライエントがチェンジトークを語り出したら、OARSを使って、さらにチェンジトークを引き出していきます。

▶ チェンジトークが引き出せないとき

　MIはクライエントのチェンジトークを引き出し、強化していくために、開かれた質問やOARSなどを使いますが、どうしてもクライエントからチェンジトークを引き出せない場合もあります。

　そのようなときは、まずはクライエントに寄り添うことを考えます。クライエントの口から維持トークばかりが出てくるようなときは、無理にチェンジトークを引き出そうとせず、維持トークを傾聴します。

　維持トークを傾聴するなかで理解したいのは、変化を妨げている理由です。簡単ではないかもしれませんが、変化の障害になっているものが理解できれば、解決方法をクライエントと一緒に考えていくことができます。

　維持トークを傾聴していくなかで、クライエントとの信頼関係が深まってきたときは、クライエントがこのまま現状維持を続けていた場合のデメリットや、変化した場合のメリットを尋ねてみましょう。

　現状維持のデメリットや変化に対するメリットに関する質問は、チェンジトークを引き出すきっかけになります。逆の質問、つまり現状維持のメリットや変化に対するデメリットを質問すると、クライエントからは維持トークが返ってくる可能性が高くなるので注意してください。

▶ 引き出す（Evoking）プロセスを事例で確認する。

ここでは引き出すプロセスを、事例をみて確認していきます。

勝美さん：なんだかいろいろと大変なんです。でも今日こちらに伺ったのは、大翔の勉強について教えてもらおうと思ったからなんです。

SSW　　：大翔くんの勉強についてお知りになりたいことがあるということですね。

勝美さん：はい。

SSW　　：それでは、今日は大翔くんの勉強についてどう進めていくか話をしていきたいと思います。その後で私のほうからも少し話し合っていきたいことがあるのですが、よろしいでしょうか？ 許可を得た提案

勝美さん：どのようなことでしょうか？

SSW　　：先ほどお母さんが話されていた、大翔くんのこだわりについて、もう少し教えていただきたいと思っています。

勝美さん：わかりました。よろしくお願いします。

SSW　　：勉強に関しては、どのようになればよいとお考えでしょうか？ 開かれた質問

勝美さん：クラスで一番になればいいとは言いませんが、せめて先生が話していることは理解してほしいと思っています。

SSW　　：今でも授業についていけてないのでないかと心配している。 複雑な聞き返し

勝美さん：そうなんです。家でも学校のことを大翔に聞くんですけど、「わからない」って言うだけで。勉強のノートも連絡帳もぐちゃぐちゃだし。担任の先生からも勉強やお友達関係でいろいろと言われているし。

SSW　　：勉強も心配だし、お友達関係も不安がある。将来のことを考えると、何から手をつけていいかわからなくなる。 複雑な聞き返し

勝美さん：そうなんです。父や母からは「お前がしっかりしないからだ」みたいに言われるし。

SSW　　：そのような大変ななかでも、大翔くんの宿題をみようとしているんですね。 是認

勝美さん：家でも宿題をやろうとしないし、私が「教えてあげる」って言っても、耳をふさいじゃうんです。おじいちゃんのスマホでずっと遊んでいるだけなんです。

SSW　　：スマホの使い方についても、なんとかしたい。 単純な聞き返し

勝美さん：そうなんです。切り替えが自分でできなくて。

SSW　　：勉強と遊びのメリハリがつくようになればいいかなと。 単純な聞き返し

勝美さん：そうなんです。スマホが絶対にダメとは言っていないんだし。

SSW　　：大翔くんの生活を見直していくことは、どのくらい必要なことなのでしょうか？ 開かれた質問

勝美さん：大翔が自分で生活していくためには必要なことです。

SSW　　：自立していくためには。将来のことを考えると。

勝美さん：そうです。

SSW　　：ここまでのことを少し整理させてください。大翔くんは保育園のころから気持ちの切り替えが苦手で、お友達とのトラブルが保育士さんから報告されることもあった。小学校に入学すると担任の先生から、勉強面や友人関係で心配だという話が、お母さんにあった。お母さんとしても、大翔くんの生活をみていると、ここで何か手を打ったほうがよいと考えている。こんな感じでしょうか。他に付け加えることはありますか？ 要約

勝美さん：知り合いのお母さんのなかには、大翔と同じような子どもがいる人もいて、病院に行ってきたという人もいるんです。そうしたほうがよいのでしょうか？

SSW　　：医療機関での受診も考えておられる。少し教えていただきたいのですが、医療機関での受診を全く必要としない状態

を 0、今すぐ必要だという状態を 10 とした場合、どのくらいですか？ スケーリング・クエスチョン

勝美さん：5 か、6 くらい。

SSW　　：どうして 2 とか 3 ではないのでしょう。 チェンジトークを引き出す質問

勝美さん：先ほどの子は受診の結果、特別支援教室へ通うようになったんですけど、先生が個別にみてくださるようになって、すごく落ち着いてきたんです。もし、大翔にもそういうことが必要であるならば学校と相談してみたいと思っています。

　上記のやりとりでは、勉強のことを取り上げていきたいという母親の気持ちに寄り添いながら話を進めています。詳しく話を聴いていくと、勉強をしっかりやってほしいという思いの奥には、将来のことが心配だという気持ちがあることがわかってきます。

　そういう気持ちに共感しながら、スクールソーシャルワーカーは保育園のときからの大翔くんの情報を整理し、母親のいろいろな心配に対して焦点化を行っていきます。そして母親から医療機関での受診ということを引き出していきます。

　仮に大翔くんが発達的な問題を抱えているのであれば、その程度を医療機関で判断してもらうことが必要です。その結果、大翔くんが安心して生活できるような環境を整えていったり、必要があればリハビリテーションを開始したりしていくことになります。

　そのため、母親の口から受診というチェンジトークが出てきたときに、スクールソーシャルワーカーはスケーリング・クエスチョンを使って、母親の動機を強化していたのです。

4 計画する (Planning)

　クライエントの動機を引き出し、強化したあとは、実際に行動する計画に取りかかります。計画のプロセスでは、行動するための具体的な計画をクライエントとともに立てていきます。

　先述の事例でいえば、勝美さんは医療機関での受診に対する動機が強化されました。そこでスクールソーシャルワーカーは受診に関する具体的な方法を、勝美さんと一緒に考えていくことになります。たとえば、どこの病院にするか、予約の電話はいつするか、学校との連携はどうするか、といったことを話し合っていきます。

　行動する気持ちが強くなったクライエントは、具体的な計画についてより多くのことを提案してくるかもしれません。そのようなクライエントの態度は、ソーシャルワーカーにとっては、「やる気満々」に

映るでしょう。

　だからといって、クライエントが本当に行動するかは、この段階ではまだわかりません。面接でクライエントとともに計画を立てたにもかかわらず、翌週面接にきたクライエントからは「受診できませんでした」といったような維持トークが出てくることもあります。

　そのようなときは、ソーシャルワーカーはクライエントのできなかったことを責めるのではなく、再び動機を高めていくようにOARSを使いながらチェンジトークを傾聴していきます。このときも、「かかわる」「焦点化する」「引き出す（喚起）」プロセスを忘れないようにしてください。四つのプロセスは直線的に進むというよりは、行ったり来たりしながら進んでいきます。

　ソーシャルワーカーは両価性を解消し、変化しようという動機を強化する手伝いはできても、クライエントに行動を強制することはできません。行動するかしないかの最終的な決定権はクライエントにあります。そのことを忘れず、クライエントとの同盟関係を大切にしていく姿勢が、ソーシャルワーカーには必要です。

面接のポイント

- 開かれた質問やスケーリング・クエスチョンでチェンジトークを引き出していく。
- 現状維持のデメリットや、変化に対するメリットを尋ねてみる。

ソーシャルワーカーが是非とも身につけたい技法

地域包括支援センターとちのみ　上新達也さん

　MIとは、「クライエントを望ましい方向に上手に導く技法」と解釈しています。地域包括支援センターでは望ましい方向に導きたい利用者に多々遭遇するため、どうにか自分のスキルとして身につけたいと考えています。

　何回か研修に参加して学んだMI技法のなかで、日頃私が利用しているものを一部紹介します。

① OARSにおける「A」の「是認」

　OARSは面接にあたってはどれも非常に重要ですが、特に私が重視しているのが「A」の是認です。これは「相手の強みや努力に言及する」というものです。「○○はすごいと思います」「○○はよくやりましたね」などとよい点、努力した点をほめることでクライエントは前向きになり、ワーカーとの信頼関係も構築されていくと思います。

② 正したい反射

　「相手が自分に関して間違ったことを言うと反射的に正したくなる」という性質が人間にはあります。この点を利用し、たとえば「精神科受診をしないでこのまま不穏な毎日がつづいても構いませんよね」と発言すると、クライエントは「そんなことはありません」と、自ら前向きな発言をしてきます。

③ 宣言による自己動機づけ

　結論を「自らの口で」言ってもらうことです。それによりまわりが決めたのではなくクライエント自身が決めた、という意識ができ、その後の行動に移しやすくなります。

　ソーシャルワークが「個人と環境の両方に働きかけ、個人が環境のなかでその人らしく生きることができるようにするためのもの」と定義されるなら、MIは個人への働きかけに極めて有効な技法です。個人の変化を望むワーカーは是非とも身につけたい技法といえるでしょう。今後、MIが日本のワーカー職に広く浸透し、その専門性が向上することを願ってやみません。

第 **4** 章

OARS
オールズ

この章では、MIでよく使われているスキルについて説明していきます。MIの主なスキルは、開かれた質問（Open questions）、是認（Affirming）、聞き返し（Reflecting）、要約（Summarizing）です。それぞれの頭文字をとってOARS（ボートを漕ぐ櫂のことです）とよばれています。初めは難しく感じるかもしれませんが、スキルは楽器のように何度も練習することで、必ず自分のものにできます。それでは、それぞれのスキルについて詳しくみていきましょう。

1 開かれた質問 (Open questions)

　質問には「開かれた質問」と「閉じた質問（閉ざされた質問）」とがあります。

　閉じた質問は、「はい」や「いいえ」で答えられる質問のことです。たとえば、

「ご飯は食べましたか？」
「疲れましたか？」
「デイサービスは楽しいですか？」

といった質問です。さらに答えが限定される質問も、閉じた質問になります。

「出身地はどこですか？」
「どちらの学校に通っていますか？」
「野球とサッカーでは、どちらが好きですか？」

このような質問も閉じた質問です。

　閉じた質問はクライエントの情報を集めるときには役立ちます。けれども閉じた質問を連続して行うと、質問された人は問い詰められているような気持ちになってしまうことがあります。

　一方、開かれた質問は、「はい」や「いいえ」では答えられない質問のことです。別の言い方をすれば、答えが限定されず、クライエントが自由に答えを考えることのできる質問のことです。たとえば、

「出身地である○○県の特徴を教えてください」
「どうして○○高校を選択したのですか？」

「福祉サービスを利用することについて、どう思われますか？」

というような質問が開かれた質問になります。開かれた質問はクライエントの自己探索を進めていくために必要な質問です。

閉じた質問にも、開かれた質問にも、面接のなかではそれぞれ役割がありますが、MIでは閉じた質問よりも開かれた質問をより多く使うようにします。その理由は、クライエント自身に「変わりたい」という気持ちを語ってもらいたいからです。クライエント自らが語ることで、変化への動機をより強くしていくことが、開かれた質問を多く使う理由です。

第3章（76ページ）でも説明していますが、私たちは他者から説得されるよりも、自分で語った内容に心を動かされます。ですから「あなたは変わりたいですか？（閉じた質問です）」と尋ねて、「はい／いいえ」という「事実」を引き出すよりも、「変わりたい理由を教えてください」というような、開かれた質問を行うことで、クライエント自身に変わりたい理由を語ってもらう方法をMIでは選択しているのです。

もちろん、「あなたは変わりたいですか？」という質問も「変わりたい理由を教えてください」という質問も、あくまでも説明のための例です。実際の面接ではこのように直截的な質問をする機会は少ないと思います。

もう一つ付け加えると、MIでは質問よりも聞き返しをより多く使うようにします。質問と聞き返しの割合ですが、開かれた質問を一つしたら、聞き返しを二つ以上行うようにしてみてください。質問よりも聞き返しを多用するのは、クライエントの心理的抵抗が少なくなることを期待しているからです。このことについて、もう少し説明していきましょう。

たとえば、先生が生徒に勉強に関する質問をする場面を考えてみましょう。先生が生徒に、

「勉強する気があるのか？」（閉じた質問です）とか、
「勉強することについてどう思っているんだ？」（開かれた質問です）
というように質問すると、生徒はどう感じるでしょうか？

　もちろん質問の意味は、質問する文脈によって変わります。ですから生徒の感じ方もそれぞれだということはいうまでもありません。けれどももう少しこのやりとりを続けていくと、質問と聞き返しの印象の違いが理解できると思います。

先生：勉強することについてどう思っているんだ？
生徒：大変ですが、必要なことだと思っています。
先生：本当に必要だと思っているのか？

　いかがでしょうか。先生の「必要だと思っているのか？」という質問に、生徒を疑っているような響きを感じませんか？
　今度はこの質問を聞き返しに変えてみます。活字で発音を伝えるのは難しいのですが、質問は語尾が上がり、聞き返しは語尾が上がりません。少し想像力を働かせて以下の例を読んでみてください。

先生：勉強することについてどう思っているんだ？
生徒：大変ですが、必要なことだと思っています。
先生：君自身も勉強は必要だと思っている。

　いかがでしょうか。こちらの会話のほうが、生徒の心理的な抵抗が低くなっていくと思いませんか。さらに少しだけ聞き返しを加えてみます。

先生：勉強することについてどう思っているんだ？
生徒：大変ですが、必要なことだと思っています。
先生：君自身も勉強は必要だと思っている。
生徒：はい。そろそろ将来のことを考えないと。
先生：将来のことを考えれば、そろそろ始めてもいいかもしれない。

　これで質問一つに対して聞き返しが二つになりました。このようにして開かれた質問をしたら、クライエントの応答に質問を重ねるのではなく、聞き返しを使ってクライエントの気持ちを探索していきます。
　「聞き返し」については後ほど詳しく説明していきます。

2 是認 (Affirming)

　是認は少し聞き慣れない言葉かもしれません。いくつかの辞書を引いてみると、「相手の考えや行動をよいと認める」という意味が見つかります。

　「認める」とはありますが、MIの是認には「評価する／評価される」というような意味は含まれません。そういう点では、「ほめる」ことや「賞賛する」こととは違います。「ほめる」ことや「賞賛する」ことには、相手を「評価する」、すなわち評価される人よりも「一段上に立つ」という意味が多少含まれていることがあります。これまでに説明してきた共感と同情の違いのようなものかもしれません。同情には相手を憐れむというニュアンスが含まれることがあります。

　MIの是認は、クライエントの考え、気持ち、価値観、これまでの努力を理解し、それを尊重するということです。そしてその尊重していることをクライエントに言葉で伝えていくということです。クライエントの強みを見つけ、クライエントに伝えていくことが是認です。さらにいえばクライエントをエンパワメントしていくことにもつながります。

　人には多かれ少なかれ「認められたい」という気持ちがあります。専門家から見れば間違った方法でも、最初から「間違っている」と否定されてしまえば、クライエントはそれ以上ソーシャルワーカーと話を続ける気がなくなってしまいます。あるいは自分自身を擁護する気持ちが強くなって、ソーシャルワーカーが意図する方向（変化に向か

う方向です）とは逆に進んでいってしまうかもしれません。

　クライエントが間違っていると思っても、これまで一生懸命努力してきたという事実は尊重し、これからのことを一緒に考えていくという気持ちをクライエントに伝えていくほうが、信頼関係を維持することができます。変化というゴールは、二人の専門家（もちろん、クライエントとソーシャルワーカーのことです）の協働作業により達成されるものだということを忘れないようにしましょう。

（子育ての相談に来た母親に対して）
母親：言うことを聞かないとイライラして手が出ちゃうんです。
SW：そういうやり方は、よくないと思います。
母親：そうでしょうか？　でも子どもが言うことを聞かなかったら、叱るしかないじゃないですか！
SW：とにかく、叩くのはよくありません。
母親：……。

　母親の話をきいて、「やり方が少し違うな」と感じることは、もちろんあると思います。しかし、母親も自分の子どもをなんとかしたいと思って試行錯誤してきたはずです。そういう母親の努力や、子どもを大切に思う気持ちを認めていくのが是認です。

母親：言うことを聞かないとイライラして手が出ちゃうんです。
SW：お子さんをなんとかしたいと、これまでいろいろと試されてきたんですね。
母親：でも、いい方法が見つからなくて。どうしたらいいんでしょうか？
SW：お子さんのことを真剣に考えているからこそ、自分のやり方を

変えていきたい。

母親：このままでは、また手をあげてしまうかもしれないし。いまなんとかしなければって思うんです。

　人は否定されると、相手に対する警戒心が強くなります。反対に理解されていると感じれば、警戒心を解き自己探索を始めていくことができます。事例では、自分のやり方を否定された母親はソーシャルワーカーとの心理的な距離を広げようとしています。

　反対に是認された母親は、自分のやり方を客観的に見つめ直すようになり、新しい方法を模索していこうという気持ちを強めていきます。

　是認には、クライエントの話を聞いてソーシャルワーカーが気づいたことを伝える方法と、クライエント自身に語ってもらう方法とがあります。ソーシャルワーカーが伝える場合は、クライエント自身が気づいていない強みに言及することができます。また、クライエントが語ったことについて、見方を変えて（リフレーミング）伝えることもできます。

　クライエントに自分自身の強みについて語ってもらうためには、ソーシャルワーカーが質問を工夫していく必要があります。たとえば、
「そのような大変な状況を、どうやって乗り切ってきたのですか？」
というように、クライエントが努力の内容について答えることができるような、開かれた質問をしていきます。

　それから是認を伝える方法ですが、「私は」で始めるのではなく「あなた」で始めてみてください。

「私は、あなたがこれまで本当に努力してきたと思います」
「あなたは、これまで本当に努力してきたのですね」

　どうですか。「私は」で始めると、相手を評価しているような響きを少し感じませんか。

面接のポイント
- 質問と聞き返しでは印象が異なる。
- 是認はクライエントの強みに言及すること。

3 聞き返し (Reflecting)

　聞き返しは、MIのスキルのなかでも重要なスキルです。

　今までカウンセリングを勉強してきた人にとって、聞き返しはなじみのあるスキルかもしれません。クライエントの話したことを、カウンセラーが伝え返すのが聞き返しです。「繰り返し」や「オウム返し」など、これまで勉強してきた呼び方とは異なるかもしれませんが、それらとの共通点は多いと思います。

　MIの聞き返しには2種類あります。単純な聞き返しと複雑な聞き返しです。以下、詳しく説明していきます。

1 単純な聞き返し

　クライエントの話したことを、そのまま繰り返します。あるいは少しだけ言い換えて伝え返します。

CL：そろそろ退院したいと思っています。
SW：退院したいと思っている。

CL：介護に限界を感じています。疲れてしまいました。
SW：介護に疲れてきた。

　単純な聞き返しは、クライエントの話をそのまま、あるいは少しだけ言い換えて伝え返すスキルですが、クライエントの話をそのまま

すべて繰り返す必要はありません。クライエントの話を聞いていて、チェンジトークを聞き返すようにしていきます。

　単純な聞き返しは不自然だと感じる人もいるかもしれません。しかし日常会話を注意して聞いていると、単純な聞き返しは意外と見つかるものです。

Aさん：今日は**疲れちゃった**よ。
Bさん：うん。**疲れちゃった**。

Cさん：**おなか空いちゃった**。
Dさん：ペコペコだよね。

　どうですか。このような会話はときどきありますよね。会話の当事者たちは意識していないかもしれませんが、このようなやりとりは、「共感されている」という気持ちを引き出しています。AさんもCさんも、相手の言葉を聞いて少し安心しているのではないでしょうか。

　反対に以下のようなやりとりはどうでしょう。

Aさん：今日は**疲れちゃった**よ。
Bさん：まだそんなに**動いていない**よ。運動不足じゃないの？

Cさん：**おなか空いちゃった**。
Dさん：もう空いちゃったの？

　言葉のやりとりには、表情や声のトーンなど言葉以外のやりとりが加わりますので、受け取り方は人それぞれですが、初めのやりとりに比べると「理解されていない」と感じる人もいると思います。

単純な聞き返しは、相手に「共感しているよ」というメッセージを送る意味があります。相手との信頼関係を深めていくときには必要なスキルです。
　しかし、使いすぎには注意が必要です。
　もし、クライエントと話をしていて、話が進まないな、とか、同じところをグルグル回っているな、というように感じたときは、単純な聞き返しを多用しすぎているのかもしれません。信頼関係の形成には必要な単純な聞き返しが有効ですが、変化を目的とした自己探索を進めていくためには、複雑な聞き返しを使う必要があります。

2 複雑な聞き返し

　複雑な聞き返しは、クライエントの話したことにソーシャルワーカーが意味を付け加えて伝え返します。
　少し考えてみてください。皆さんは自分の気持ちを常に100％言葉に表していますか？
　もちろん、自分の気持ちを明確に伝えていることもあると思います。しかし反対に、気持ちがうまく言い表せなかった経験もおもちなのではないでしょうか。「思ったことが言葉にならない」とか、会話が終わってしばらくしてから「あのとき、ああ言えばよかった」というような振り返りは、たいていの人が経験していることだと思います。
　あるいはもしかしたら、話してはいるけれど自分自身の本心に気がついていないことがあるかもしれません。
　たとえば、仕事がとても大変でどうにもならなくなってしまったとき、「仕事が大変なんだよ」というようなことを友人に話す場面を想像してみてください。
　そのあと友人が、

「ここまでがんばってきたから、なんとかやり遂げたいんだ」と伝え返してくれたとします。「大変なんだよ」と話したときには意識していなくても、友人の言葉を聞いて、「そうなんだ、なんとかしたいんだ」と意識することもあると思います。これが、会話をすることで自分の本心に気づくということです。

クライエントの言葉にならない気持ちを言葉にすること、あるいはクライエント自身が気づいていない気持ちに気づいてもらうこと、これが複雑な聞き返しです。

▶ 複雑な聞き返しのコツ

クライエントの話を聞いて、気持ちを推測してみます。たとえばクライエントが、
「父の介護は大変なんです」と言ったとき、
（もう介護はしたくないのかな）
（今までは一人でやってきたけど、他の人の助けを借りたいのかな）
（少し休みたいのかな）

というように、クライエントが話していないけれども、「どうして大変なんですか？」と皆さんが質問したら（実際には質問しませんが）、クライエントが答えてくれそうな答えを推測し、それを伝え返していきます。

CL：父の介護は大変なんです。
（SWの推測：誰かの助けが必要なのかな……）
SW：これまでは一人でがんばってきたけど、そろそろ専門家の手を借りてもよいかもしれない。

CL：父の介護は大変なんです。
（SWの推測：自宅での介護に限界を感じているのかな……）
SW：施設の利用も検討していきたい。

▶ 推測が当たらなくても

複雑な聞き返しを勉強し始めると、「クライエントの本心を的確に当てなければ……」と考えてしまう人もいるようですが、初めからうまい聞き返しができるとは限りません。

ですから、初めはこう考えてみてください。

> 複雑な聞き返しは、クライエントの気持ちを推測していくが、推測は当たっても外れてもよい。外れた場合はクライエント自身が自分の気持ちをもっと詳しく教えてくれる。それを傾聴しクライエントの気持ちを理解していけばよい。

CL：父の介護は大変なんです。
（SWの推測：自宅での介護に限界を感じているのかな……）

SW：施設の利用も検討していきたい。
CL：そうではありません。父を施設に預けることは考えていません。
SW：そうなんですね、もう少し詳しく教えていただけますか。

聞き返しと質問との違い

　紙面ではニュアンスを伝えることが難しいのですが、質問は語尾が上がります。反対に聞き返しは語尾が下がります。

CL：なんとかしたいとは思っています。
SW：なんとかしたい？（↑）　質問
CL：（あれ、私は本当に変わりたいのかな？？）

CL：なんとかしたいとは思っています。
SW：なんとかしたい。（↘）　聞き返し
CL：（そうなんだよな……）

語尾が上がる質問は、「本当になんとかしたいの？」という疑問や、「本当だね、本当になんとかしたいんだね」という念押しのような言外の意味を聞き手に伝えてしまうことがあります。

　そのように感じたクライエントは、自分の発言に疑問をもってしまうことがあります。MIを使って面接をするソーシャルワーカーの目的は、クライエントの変化です。その変化を促進するためには、クライエントからチェンジトークを引き出し、そのチェンジトークを深化させていくことです。

　つまり、クライエントのチェンジトークに対し、ソーシャルワーカーが質問で応答すると、クライエントに疑義を唱えていると受けとめられてしまうことがあります。その時点で会話は止まってしまいます。場合によっては維持トークが増えてしまいます。そうなると変化というゴールが遠くなってしまいます。

CL：そろそろ無駄遣いはやめようと思います。 `チェンジトーク`

SW：本当に無駄遣いをやめるんですね？ `質問`

CL：（本当って断言してもいいのかな？　本当にやめられるかな??）実はまだ決心がつかないんですよ。きっぱりとやめる自信はありません。 `維持トーク`

　それに対して語尾を下げる聞き返しは、クライエントが自分自身の気持ちを確信し、さらに深く探索していく効果があります。

CL：そろそろ無駄遣いは止めようと思います。 `チェンジトーク`

SW：無駄遣いをやめようと考えている。 `単純な聞き返し`

CL：（そうなんだよな……）はい。生活していくためにはお金が必要だし。もうじき子どもも生まれるので、しっかりしていかないと。 `チェンジトーク`

SW：家族を支えていくためには、生活を見直していく必要がある。
　　　複雑な聞き返し

CL ：(確かにそうだな……)自分がしっかりしていかないと。チェンジトーク

　ソーシャルワーカーは、変化という目標に向かって、クライエントと話を進めていく必要があります。そのためには質問で立ち止まるよりも、聞き返しを使ってクライエントの自己探索を進めていくことが必要なのです。

　自己探索を進めていくためには、繰り返しになりますが、単純な聞き返しよりも複雑な聞き返しのほうが有効です。慣れないうちは、単純な聞き返しのほうが多くなってしまうかもしれません。それでも大丈夫です。「習うより慣れろ」です。できるところから一歩ずつ進めていきましょう。

　クライエントの発言を繰り返す単純な聞き返しは、クライエントの言葉を追っかけていくというイメージです。それに対して複雑な聞き返しは、クライエントが次に言うであろうことを予測し、それをクライエントの発言につなげていくようなイメージになります。

▶ シンプルに、かつ控えめに

　聞き返しを行うときは、シンプルかつ控えめに行うことを心がけてください。

　MIを使って面接を行うソーシャルワーカーは、クライエントの話の聞き役です。クライエントの話を傾聴することで、変化したいという気持ちを引き出していきます。聞き役であるソーシャルワーカーがクライエントよりも話をしてしまうと、クライエントに「話を聴いてもらった」と感じてもらえないかもしれません。

　控えめ、というのは、クライエントの話を聞き返すときに大げさに

ならないように注意するということです。
　たとえばクライエントが、「もうあの人とは話をしたくありません」と話したとき、話し手は相手に対して怒りや悲しみのような感情を抱いているかもしれません。
　試しにクライエントの感情に焦点を当てて、複雑な聞き返しを考えてみましょう。

（怒りに焦点を当てた聞き返し）
「○○さんに怒りを感じている」
「○○さんに対して怒っている」

というような感じでしょうか。もちろん会話というのはその場の状況に影響されますので、他にもよい聞き返しがたくさんあると思います。
　今度は大げさに聞き返してみます。

（複雑かつ大げさな聞き返し）
CL　：もうあの人とは話をしたくありません。
SW1：○○さんに対して激怒している。
SW2：怒りで体が震えるくらい怒りを感じている。

　次は控えめに聞き返してみます。

（複雑かつ控えめな聞き返し）
CL　：もうあの人とは話をしたくありません。
SW1：少し怒っている。
SW2：○○さんにイライラした気持ちを感じ始めている。

一般的な話になりますが、ソーシャルワーカーがクライエントの話を大げさに聞き返すと、正したい反射（間違い指摘反射）によってクライエントの気持ちは変化とは反対の方向に動いていきます。
　反対に、控えめに聞き返すと、クライエントは変化に対する自己探索を進めていきます。

（複雑かつ大げさな聞き返し）

CL：もうあの人とは話をしたくありません。
SW：○○さんに対して激怒している。
CL：激怒だなんて……そんなに怒っているわけではありません。私だって悪いところはあると思います。

（複雑かつ控えめな聞き返し）

CL：もうあの人とは話をしたくありません。
SW：○○さんにイライラした気持ちを感じ始めている。
CL：特にお酒を飲み始めると、手がつけられなくなるんです。

　76ページでも説明していますが、強い説得を受けると、クライエントは心理的な抵抗を抱いてしまいます。大げさな聞き返しにも、強い説得を受けたときと同じような効果があります。
　一方、控えめな聞き返しは、クライエントのチェンジトークを引き出していく効果があります。チェンジトークが多くなれば、クライエントの「変化したい」という気持ちも強くなっていきます。
　ただし、控えめな聞き返しも、クライエントの気持ちを正確に表現しているわけではありません。少しズレがあります。このことについてもう少し説明していきます。
　たとえば、クライエントが悲しいという気持ちを話したとします。

それだけでは悲しさのレベルがわからないので、試しに0から10のスケールを使って数値化してみることにします。

CL：もう、どうしてよいかわかりません。 悲しみ5
SW：これまで努力してきたのに。少し心が痛んでいる。 悲しみ1〜2
CL：むしろ、すごく悲しいです。 悲しみ7

　控えめに聞き返すと、それを聞いたクライエントは、抵抗なく自己探索を続けていきます。先述の事例では、クライエントの悲しみは0から10のスケールでたとえば5でした。ソーシャルワーカーは少し控えめに、1〜2くらいの聞き返しを行っています。するとクライエントに正したい反射（間違い指摘反射）が起こります（「1〜2？　とんでもない。5だよ」）。そしてその後に自己探索を進めていきます（「5だって？　よく考えたら7かもしれないぞ」）。

　その結果、「すごく悲しいです」という発言につながっていくのです。

> **面接のポイント**
> - 複雑な聞き返しを使えるようにする。
> - 聞き返しはシンプルかつ控えめに行う。

4 要約 (Summarizing)

　要約とは、これまで聞いたクライエントの話のなかからチェンジトークを集め、まとめて伝え返すことです。

　クライエントはチェンジトークばかりを話しているわけではありません。変化に対して、相反する気持ちを抱くことは自然なことです。だから「変化したい」という会話のなかにも、維持トークは含まれています。ソーシャルワーカーは、チェンジトークも維持トークも受容しますが、チェンジトークにより応じていきます。そしてある程度話を聞いたら、要約します。つまり、クライエントの話のなかからチェンジトークを抜き出して、伝え返していくのです。

　このような要約を行うことは、クライエントを是認することにもつながります。なぜなら要約は、「私はあなたの話を一生懸命聞いて、そして理解しましたよ」というメッセージになるからです。

　ここで開かれた質問、聞き返し、要約の流れを確認していきましょう。

　ソーシャルワーカーは、開かれた質問でクライエントからチェンジトークを引き出していきます。クライエントがチェンジトークを語り出したら、聞き返しを使ってさらにチェンジトークを引き出していきます。ソーシャルワーカーの聞き返しを聞きながら、クライエントは自己探索を進めていき、変化したいという動機を強めていきます。

　このようなやりとりを続けていき、話が一段落したときや、変化の具体的方法へ話を進めていきたいとき、これまで聞いた話を要約し、

クライエントに伝えていきます。

　クライエントの変化に対する動機が高まってくると、チェンジトークの量が増え、維持トークの量は減ってきます。チェンジトークの量にも注目しながら面接を進めていきましょう。

▶ 福祉サービスを拒否する独居高齢者との面接

SW　　：今日はお忙しいところ、時間をつくっていただきありがとうございます。

高齢者：それほどでもないよ。

SW　　：そうですか。それではよろしくお願いします。今日は、山田さんの生活についてお伺いしたくてお邪魔しました。

高齢者：毎日変わりないよ。1週間に一度病院に行って、帰りがけに買い物して。

SW　　：生活のすべてを、一人でこなしている。 `複雑な聞き返し`

高齢者：誰も手伝ってくれないから、一人でやるしかないね。

SW　　：普段は一人でできるけど、体調の悪いときなんかは、しんどいときもある。 `複雑な聞き返し`

高齢者：そうだね。でも、今のところ大丈夫だよ。

SW　　：なるべく人に迷惑をかけたくないし。 `複雑な聞き返し`

高齢者：そうだね。寝たきりになってしまえばしょうがないけど。

SW　　：そうですよね。一方で、将来のことを考えると、心配がないわけではない。 `複雑な聞き返し`

高齢者：子どもたちには迷惑をかけられないし。

SW　　：お子さんたちは、なんて言っているんですか？ `開かれた質問`

高齢者：気ままに暮らすのもよいけど、心配だからこっちに来て一緒に住もうって言うんですよ。

SW　　：そういうお考えは？ `開かれた質問`

高齢者：今から知らない町で暮らすのはね。やっぱり慣れたところで

	暮らしたほうがいいかな。
SW	：そうですよね。ここまで伺った話を聞き間違えていないか、少し確認させてください。山田さんは、なるべくなら他の人に迷惑をかけずに暮らしていきたい。まだまだ一人でやっていきたいと考えているが、子どもたちは心配している。一緒に暮らそうと誘ってくれるが、山田さんは慣れたこの町で暮らしていきたい。そのためには、できることは自分でやっていきたいが、体調の優れないときのことを考えると、心配がないわけでもない。私が聞き逃していることはありますか？ 要約
高齢者	：そうですね。そんな感じです。
SW	：他には、何かありますか？
高齢者	：やっぱり、将来のことも考えたほうがいいですかね。

　福祉サービスを拒否しているクライエントに、将来の不安に対して直面化したり、サービスを利用してもらおうと説得しようとしても信頼関係を損なってしまう可能性があります。

　そのためMIでは、クライエントの話を聞き返しながら、開かれた質問でチェンジトークを引き出していきます。そしてタイミングを計りながら、要約を行っていきます。要約は、基本的にはチェンジトークだけを集めて話しますが、会話の流れによっては維持トークを混ぜたほうが自然な場合もあると思います。

　そのようなときは、要約の最後に維持トークをもってこないように注意してください。なぜなら、クライエントにとっては、ソーシャルワーカーの話の最後の部分が最も印象深くなるからです。

　先ほどの事例で考えてみましょう。

　「山田さんは、なるべくなら他の人に迷惑をかけずに暮らしていきたい。まだまだ一人でやっていきたいと考えているが、子どもたちは

心配している。一緒に暮らそうと誘ってくれるが、山田さんは慣れたこの町で暮らしていきたい。そのためには、できることは自分でやっていきたいが、体調の優れないときのことを考えると、心配がないわけでもない。」

　こういう要約を行うことで、クライエントには「心配」が残るわけです。心配だから、将来のことを考えてもよいかもしれない、と話が続いていきます。
　また、要約を行ったあとに「他には？」とか「付け加えることはありますか？」というように、クライエントの気持ちをさらに引き出すような質問も有効です。上手な要約のあとの質問は、さらなるチェンジトークを引き出していけるでしょう。
　しかし、以下のような要約を行うと、クライエントの心に残る部分が違ってきます。

「山田さんは、できることは自分でやっていきたいが、体調の優れないときのことを考えると、心配がないわけでもない。なるべくなら他の人に迷惑をかけずに暮らしていきたい。子どもたちは心配して一緒に暮らそうと誘ってくれるが、山田さんはまだまだ一人でやっていきたいと考えている。慣れたこの町で暮らしていきたい。」

　どうですか。文章を入れ替えただけですが、一人で暮らし続けていくことがクライエントの心に残ってしまいます。そうなると、今のまま大丈夫という維持トークが引き出されてしまうかもしれません。そうなるとクライエントの変化が少し遠のいてしまいます。
　要約では、クライエントに聞いてもらいたい大切なことを、一番印象に残るようにする工夫も大切です。

以上がOARSです。開かれた質問や聞き返し、そして要約は、ソーシャルワーカーとして面接を行ってきた人にとってはある程度なじみのあるものだと思います。意識していなくても、これまでの面接を振り返ってみれば、自然に行っていた、ということもあるでしょう。

　けれども、MIが皆さんのこれまで行ってきた面接と違うのは、MIはクライエントの行動変容を支援する面接法だという点です。クライエントの話を傾聴するときも、ただ傾聴するのではなく、チェンジトークに着目して傾聴していきます。OARSは行動変容というゴールを目指して使っていく技術なのです。つまり、皆さんがこれまで使っていたスキルを、クライエントのゴールを定めて、それに向けて使っていくのがMIなのです。

私とMI

栃木県心理士　Aさん

　私とMIの出会いは10年ほど前になります。当時、児童の自立支援を行う職場で、まわりから言われて渋々面接に応じる子どもに接していたのですが、「問題」について触れようとすると黙られたり、そんな問題はないと言われ、なかなか援助関係が作れずに悩んでいたころに、とあるMIの本を読んで「こんな考えがあるのか」と知ったのが最初です。

　しかし、実際に使うとなると「どう使えばいいのか」と悩み、次第に頭の片隅に追いやられていきました。

　その後、今度は依存症の方の支援にかかわることとなり、その関連の勉強を始めると、あらゆるところでまたMIに触れることになりました。今度は身につけたいと思い、MIのトレーナーの方の研修を受けるなどした結果、その言葉が「チェンジトーク」なのか「維持トーク」なのか、少しはMIの視点で聞き分けることができるようになりました。そうすると「〜できない」といった言葉を聞いても、落ち着いて「維持トーク？」「変わりたくないとの思いがあるのは自然だよな」と認識できるようになりました。

　そして現在。今度の現場は、強制的に医療につながった方たちの支援です。強制ですので問題認識が乏しい方もいるわけですが、「聞き分けること」から少し進んで、「どうしたら変わりたい思いを引き出せるかな」と意識してかかわるようにしています。

　以上のようにMIを知って10年。思うようにいかず、ついつい「正したい反射」が起こってしまい、言葉で何とか説得しようとすることも多々あるのですが、私自身の大きな変化として、「変わりたくないと思うのは自然なこと。じゃあ変わりたい思いを引き出すためにはどうしようかな」と考えられるようになったことがあります。このことで、クライエントに限らず人に優しくなった気がしますし、争わないですむので、人と協同して問題に取り組みやすくなったかなと思います。

　なかなか習熟のペースが進まず、難しいなと感じることもありますが、今後もクライエントや自分自身のためにMIの勉強を続けて、少しでもクライエントの役に立つようになれればと思っています。

第 5 章

クライエントの意欲を引き出していく

この章では、チェンジトークと維持トーク、不協和について詳しく説明していきます。チェンジトークと維持トークについてはこれまでも触れてきましたが、ここではチェンジトークが全く出てこないクライエントや、問題を自覚していないクライエントへの対応についても触れていきます。不協和とは、クライエントとソーシャルワーカーとの信頼関係が危うくなった状態のことです。そのような不協和をどうやって解消していけばよいか解説していきます。

1 チェンジトークと維持トーク

▶ チェンジトーク

　MIはクライエントの抱えている両価性を解消し、変化に対する動機を高めていく面接法です。

　面接ではクライエントの発言を傾聴し、開かれた質問や聞き返しを使いながら応じていくわけですが、クライエントの発言のどの部分に応じていくのか、ということが重要な鍵となります。

　MIでは、クライエントの発言すべてに応じていくわけではありません。基本的には、クライエントのチェンジトークに応じていきます。チェンジトークというのは、クライエントが「変化したい」という気持ちを表明したときに出てくる発言のことです。

　第2章（20ページ）でも説明していますが、私たちが何か新しい行動を起こそうとするとき、「よし、がんばってみよう」という気持ちと、「面倒だな、このままでもよいかな」という、相反する気持ちを同時に抱くことは珍しくありません。これが両価性です。両価性を抱くのは自然なことです。

　たとえば、健康のために、朝のジョギングを始めようとしたと考えてみてください。朝のさわやかな空気に触れて走るところを想像しているときは、がんばろうという気持ちが強くなってきます。ところが、いつもより早く起きなければならないことを考えると、億劫になってきます。このように相反する気持ちが、

「健康のためには走ろうと思うんだけど、朝起きるのが面倒くさい」

という発言になります。

このような発言の「健康のためには走ろうと思うんだけど」という部分が、チェンジトークです。「朝起きるのが面倒くさい」という部分を維持トークといいます。

▶ 会話のなかからチェンジトークを見つけていく

MIをうまく進めていくためには、クライエントの発言のなかからチェンジトークを識別する力を身につけていくことが必要です。クライエントのチェンジトークに気がつかなければ、クライエントの「変わりたい」という動機を強化していくことができません。

チェンジトークに気づくためのヒントは、いくつかあります。

一つめは、両価性を抱えているクライエントは、チェンジトークだけを語ることは少ないということを理解することです。

「禁煙したいけれど、なかなかやめられない」
「デイサービスを利用したいけれど、周囲の目が気になって……」
「お医者さんにもう一度詳しく話を聞きたいけれど、忙しそうだし」

などというように、チェンジトークと維持トークが同時に出てくることがあります。

このような発言を聞いたソーシャルワーカーは、クライエントの問題を解決しようという気持ちから、維持トークばかりに注意が向いて、チェンジトークに気がつかないかもしれません。

維持トークに注目してしまうのは自然なことです。なぜなら、問題を引き起こしている原因がわかれば解決できる、という考え方に慣れ

てしまっている専門家が多いからです。「禁煙したいけれど、なかなかやめられない」と語るクライエントに「どうしてやめられないのか」と質問するソーシャルワーカーの心理は、「やめられない理由を聞いて、解決してあげよう」というものだと思います。

　第2章（39ページ）で説明した指示的スタイルのコミュニケーションを思い出してください。クライエントに質問し、原因を明らかにする。そして適切な指示やアドバイスを与えることで問題を解決していく。これが指示的スタイルのコミュニケーションでした。指示的スタイルのコミュニケーションは、緊急時の対応や、医療的なケアが求められている場面では必要なこともあります。しかし、クライエントの変化に対する動機を強めていくときには、クライエント自身に動機を語ってもらうことが必要です。

▶ 維持トークへの応答

　維持トークは、クライエントの「変化したくない」とか「このままでよい」という気持ちを表明した発言です。チェンジトークとは反対の考え方や気持ちを表明しています。

　これまでに説明してきたように、クライエントの発言にチェンジトークと維持トークが混じり合っている場合は、基本的には維持トークに反応しないようにします。たとえば、

「毎日服薬しなければならないけど、面倒くさい」
「健康のためには食事制限が必要だけど、つい間食してしまう」
「福祉サービスを利用すれば楽になるだろうけど、それほど具合が悪くない」

というような場合、ソーシャルワーカーはチェンジトークに応じてい

きます。具体的には、クライエントの発言の「毎日服薬しなければならない」「健康のためには食事制限が必要」「福祉サービスを利用すれば楽になる」という部分に焦点を当てていきます。

ところが、維持トークばかりを話すクライエントもいますし、ソーシャルワーカーが意図的にチェンジトークに応じても、維持トークで返してくるクライエントもいます。

CL：毎日服薬しなければならないけど、面倒くさくて。
SW：毎日服薬していくことの大切さは理解されている。
CL：でもね、やっぱり難しくて。

このような場合、クライエントの心の中にまだ言語化されていない、隠れたチェンジトークがあるかもしれないと考えてみるのも解決方法の一つです。

▶ 隠れたチェンジトーク

チェンジトークは維持トークとともに語られることもありますが、クライエントから維持トークばかりが語られることもあります。しかしよく聞いてみると、維持トークのなかにもチェンジトークの要素が含まれていることがあります。

たとえばクライエントが、

「いろいろと試したんだけど、うまくいかなくて」とか、
「この先どうしていいかわかりません」

というように話している場合、もしかしたらクライエントの気持ちのなかには、

「他によい方法があれば試してみたい」とか、
「少しでも手がかりが見つかれば」

などという気持ちがあるかもしれません。ですから、クライエントが直接チェンジトークを語っていなくても、ソーシャルワーカーが複雑な聞き返しを使って、チェンジトークを引き出していくこともできます。

　もしかしたら、クライエントのなかに正したい反射（間違い指摘反射）が起こり、「そこまでは考えていません」というような言葉が返ってくるかもしれません。そのような場合は、素直に過ちを認め、クライエントの気持ちを教えてもらえばよいのです。

▶ チェンジトークの種類

　次はチェンジトークの種類について説明していきます。チェンジトークの種類について理解できるようになると、クライエントの会話のなかからよりスムーズにチェンジトークを識別できるようになります。

ここで取り上げるのは、「変化する準備をしています」という気持ちを表明しているチェンジトークと、「変化に取りかかります」という気持ちを表明しているチェンジトークです。

1 「変化する準備をしています」という気持ちを表明しているチェンジトーク

　以下の四つのチェンジトークは、クライエントの心の中で、変化に対する準備を始めたときに現れるチェンジトークです。しかしまだ準備段階ですから、行動に結びつかないこともあります。

　OARSを使いながら、クライエントの変化に対する発言をさらに増やしていきましょう。

①クライエントが願望（Desire）を表明しているチェンジトーク

　「早く仕事に復帰したい」「一人暮らしをしたい」「健康維持のために運動を始めたい」というような「○○したい」という発言が、変化の願望を表明しているチェンジトークです。

②クライエントが能力（Ability）を表明しているチェンジトーク

　「サービスの申請は一人でできます」「酒はいつでもやめられます」「やる気になれば、いつでもできます」というような、「○○できます」という発言が、クライエントの能力を表明しているチェンジトークです。

③クライエントが変化したい理由（Reason）を表明しているチェンジトーク

　「（勉強する理由は）試験に合格したいんです」「（親の介護を続ける理由は）これまで育ててもらったから恩返ししないと」「（子どもに検

査を受けさせる理由は）学校で楽しく過ごしてもらいたいからです」というような発言が、クライエントが変化したい理由を表明しているチェンジトークです。

④クライエントが変化の必要性（Need）を表明している
　チェンジトーク

「子どもの生活を守る必要があるんです」「家族を安心させなければ……」「私が健康でいなければ……」というような発言が、変化の必要性を表明しているチェンジトークです。

　以上の四つが、クライエントが「変化する準備をしています」という気持ちを伝えているチェンジトークです。
　注意したいのは、このようなチェンジトークがクライエントの変化に直結しないこともある、ということです。クライエントが「健康のために、運動したいと考えています（願望を表明しています）」と言うのと、「健康のために、すでに運動を始めています」と言うのとでは意味が異なります。
　「変化する準備をしていますよ」というクライエントの気持ちが理解できたら、ソーシャルワーカーは先を急がず、その気持ちをもう少し掘り下げてみましょう。

2 「変化に取りかかります」という気持ちを表明している
　チェンジトーク

　次に紹介する３つのチェンジトークは、変化に対する気持ちが強くなってきたクライエントの発言です。このような発言が多くなってきたら、どのように行動していくかをクライエントと一緒に話し合う段階が近づいてきたのかもしれません。「どのようにやっていきます

か？」とクライエントに尋ねてみましょう。

　ただし、クライエントの気持ちよりも先に進んでいかないようにしてください。「変化に取りかかります」という気持ちを表明しているクライエントであっても、具体的な実行プランについてはまだ考えていない、ということがあります。そのようなときは、もう少しクライエントの話を傾聴し、チェンジトークを増やしていく必要があります。

① 「変化することを約束します」というチェンジトーク（Commitment）
　「必ずやります」「申請には明日行きます」というような発言が、クライエントが「実行します」という気持ちを表明したチェンジトークです。「実行します」という発言は、「実行したいです」とか、「実行する予定です」というような発言よりも、クライエントの気持ちの強さを感じる発言です。

② 「気持ちが固まってきました」というチェンジトーク（Activation）

「今週中にやろうと思っています」「サービスを申し込む準備はできています」というような発言が、これにあたります。

実行することについて約束はしていませんが、クライエントの気持ちがかなり変化するほうへ近づいてきたときに現れるチェンジトークです。行動まであと一息です。

クライエントの気持ちが行動に近づいてきたなと感じたときは、「今週の何曜日にやろうと思っているのでしょうか？」とか、「いつごろ申請に行くおつもりですか？」というように、クライエントのチェンジトークに対して、より詳細に質問してみてください。気をつけたいのは、質問するときの口調です。クライエントの行動を強制するような口調や、皮肉は厳禁です。MIスピリットを忘れないようにしましょう。

③ 「次のステップへ進みました」というチェンジトーク（Taking Steps）

「先週、ケアマネジャーへ連絡しました」「申請の方法を市役所へ行って聞いてきました」というような発言です。このような発言は、クライエントが変化に向かって進み出したことを表明しています。

このような発言を耳にしたときは、ソーシャルワーカーは正したい反射（間違い指摘反射）に気をつけて面接を進めていきます。

クライエントは変化に向かって歩き出していますが、その「歩き方」がソーシャルワーカーが考えていた方法とは異なることもあります。クライエントのペースで進めていくということを忘れて「もっと早く進みましょう」とか「そこまでしかできなかったのですか」などと言った途端、クライエントとの信頼関係は壊れてしまいます。

以上、七つのチェンジトークについて説明してきました。

これらのチェンジトークは、あくまでも代表的な例にすぎません。上記のほかにもチェンジトークはたくさんあると思います。

　大切なことは、クライエントの「変化したい」という気持ちの強さには段階があるということです。「変化しようと思っています」という発言と、「絶対に変化します」という発言とでは、背後にある気持ちの強さが違います。そしてその段階に応じて、チェンジトークも変わってきます。

　ソーシャルワーカーは、クライエントの気持ちの強さを考えながら、クライエントの発言に応じていく必要があります。変化に対して両価性を抱えるクライエントは、ソーシャルワーカーとの面接によって徐々に「変化したい」という気持ちを強めていきます。その変化を見逃さないようにしてください。

▶ MIの丘

　動機づけ面接トレーナーのなかには、七つのチェンジトークについて「MIの丘」という例えを使って説明する人たちもいます。

　変化の願望（Desire）、能力（Ability）、理由（Reason）、必要性（Need）を表明している段階が丘の上り坂です。これらの段階では、登山の上り坂と同じで、両価性を抱えるクライエントのペースに合わせて進んでいきます。そして丘の頂上が、クライエントの動機が高まった状態です。動機が十分に高まったら、今度は実行の段階です。こちらは丘の下り坂に当たりますが、具体的には「変化することを約束します」（Commitment）、「気持ちが固まってきました」（Activation）、「次のステップへ進みました」（Taking Steps）というチェンジトークが多くなってきた段階です。下り坂ですから、すーっと下っていけそうな気がしますよね。

　しかし、下り坂には上り坂とは異なる注意も必要です。勢いがつき

すぎて転んでしまうかもしれません。登山の経験がある人には納得していただけるかもしれませんが、膝が笑ってうまく下れないこともあります。

　つまり、クライエントの動機が高まったあとも、それまでの段階と同じように、個人個人のペースを大切にしていく必要があります。一気に行動までいってしまう人もいるし、一歩ずつ慎重に下っていく人もいます。ソーシャルワーカーは、クライエントのペースを大切にしながら、クライエントの変化に寄り添っていくことが大切です。

> **面接のポイント**
> - チェンジトークを聞き逃さない。
> - 維持トークの中にもチェンジトークの要素が含まれている。

2 チェンジトークを引き出す

　クライエントの会話のなかに散りばめられているチェンジトークを見つけ出していくことができるようになったら、次はチェンジトークをさらに引き出していきます。

　チェンジトークを引き出し、さらに引き出していくために必要なスキルがOARS（第4章参照）です。クライエントのチェンジトークを、開かれた質問、是認、聞き返し、要約を用いながら、さらに増やしていきます。

1 開かれた質問でさらに詳しく聞いていく

　クライエントのチェンジトークに対して、関心をもって詳細に尋ねていきます。たとえばクライエントが以下のように話したとします。

CL：（子どもの落ち着きのなさについて）担任の先生からは何度も言われているし、そろそろなんとかしたいと思っています。

　このようなクライエントの発言（チェンジトーク）に対して、開かれた質問を使い、さらに具体的にしていきます。

SW：お子さんのために、どのようなことを考えていらっしゃるのでしょうか？

2 是認を使ってクライエントの強みに言及する

クライエントのチェンジトークに対して、これまでの努力に言及したり、クライエント自身は気づいていないかもしれない強みに対して焦点を当てていきます。

CL：そうですね、一度病院で検査してもらうのもよいと思います。
SW：なによりもお子さんのことを大切に考えていらっしゃるのですね。

3 聞き返しを使ってチェンジトークを強化していく

単純な聞き返しや複雑な聞き返しを使ってチェンジトークに応じていくことで、OARSの他のスキルと同じように、クライエントからさらなるチェンジトークを引き出していくことができます。

CL：友だちのお母さんが、子どものことを病院で相談して、お薬を処方されて、それで〇〇ちゃんの学校での様子が変わってきたっていうんです。
SW：お子さんが学校で落ち着いて楽しく過ごしていくために、薬の服用を含めていろいろと相談していきたいと考えている。

4 要約を使ってクライエントのチェンジトークをまとめて伝え返す

クライエントの話が一段落したら、これまでのチェンジトークをまとめて伝え返していきます。

MIトレーナーの間でよく用いられている例えですが、クライエントのチェンジトーク一つ一つを花に見立て、その花を集めて花束をつくり、クライエントに差し出す、というものがあります。これまで何度か説明してきましたが、クライエントの発言はチェンジトークと維持トークが混じり合っています。そのなかからチェンジトークを見つ

け出し、開かれた質問、是認、聞き返しを用いてチェンジトークをさらに増やしていき、頃合いを見計らって「花束」としてクライエントに差し出していくのが要約です。

　ここでのポイントは、クライエントのすべての発言を伝え返していくのではない、ということです。「花束」はチェンジトークを集めてつくってください。

　しかし状況によっては、「維持トークをすべて無視するのは不自然だ」ということもあるかもしれません。その場合は必要最低限の維持トークを要約の最初で述べ、その後にチェンジトークの花束を手渡すようにしていきます。

SW：ここまでの話をまとめさせてください。今回相談に来られたのは、お子さんのことで、お子さんが学校で落ち着いて勉強に取り組んだり、友だちと楽しく過ごしたりしていくためには、そろそろ医療機関で相談してもよいかもしれない。実際に知り合いのお子さんは医療機関に相談したことで、落ち着いて過ごしている。こんな感じですか？

要約をし終えた後、ソーシャルワーカーの理解が間違っていないか、あるいはクライエントが他に付け加えることがないかを確認してみてもいいでしょう。そのような確認はクライエントの自律を尊重することにもつながります。

▶ クライエントの価値観を理解する

　私たちの行動や発言の背後には、私たち自身が大切にしている価値観があります。「運動したい」と語るクライエントの話を傾聴していくと、「健康でいたい」とか、「子どもと一緒に過ごす時間を大切にしていきたい」というような、その人が大切にしている価値が見えてきます。

　たとえば、「誰の世話にもなりたくない」と話す高齢者は、「身内に迷惑をかけたくない」という価値を大切にしているかもしれません。あるいは「誰からも干渉されず、自由に暮らしたい」という価値を大切にしているかもしれません。ソーシャルワーカーはクライエントの話を傾聴しながら、相手の価値観について理解していくことも大切です。

高齢者：福祉サービスを使わなくてもやっていけます。他人の世話を受けたくありません。

SW　　：家族には心配をかけたくない。
　　　　　自由な生活を大切にしているんですね。

　ソーシャルワーカーが理解していることを伝えることは、クライエントの自律を尊重することにもなります。

　しかし、クライエントの価値観とクライエントの行動とが矛盾している場合もあります。そのような矛盾に焦点を当てていくことも、クライエントからチェンジトークを引き出していくことや、自分の問

題を自覚していないクライエントに気づいてもらうきっかけとなります。

▶ 矛盾を拡大しながらゴールを目指す

クライエントの価値観と現在の行動とが矛盾している場合、ソーシャルワーカーはその矛盾を拡大することでチェンジトークを引き出していくことができます。あるいは、クライエントが自分の問題に気づいていけるようにガイドしていくことができます。

しかし矛盾を拡大していくためには注意も必要です。

その注意点を説明していく前に、クライエントの価値観と現在の行動とに矛盾がある状態について説明していきます。

1 このまま進んでもゴールにたどり着かない

たとえば、「自由な生活を大切にしたい」という価値観をもっている要支援高齢者が「福祉サービスを使わなくてもやっていけます。他人の世話を受けたくありません」と言い福祉サービスを拒否したとします。

現在の身体の状況と福祉サービスを利用せず1人で生活していく、という意向の間には、少なくとも現時点では矛盾がないようにみえます。しかしそのような生活をこの先続けられるかといえば、それはわかりません。

高齢者本人は自覚していないかもしれませんが、健康や安全に配慮しない生活を続けていれば、要介護状態になってしまう可能性もあります。そうなってしまうと、本人が望んでいる「自由な生活」を送ることは難しくなります。つまり、現時点で福祉サービスを利用せず（健康や安全に配慮せず）に生活することは、自由な生活を続けていきたいというクライエントの価値と矛盾してしまうということです。

2 自分を見つめるのは辛いこと

　しかしそのような事実を高齢者に突きつけても、変化には結びつきません。「自分の問題」は、他の人から指摘されることも、自分自身で見つめることも辛いことです。

　「自分の欠点は、できれば見たくない」

　このような心理が、他者からの説得や直面化が行動変容に結びつかない理由になっているのかもしれません。

　けれども、自分を変えていくためには「自分のなかの矛盾」を見つめることも必要です。そのためには、見たくないものを見るという勇気が必要です。MIのスピリットやOARSの是認は、クライエントが矛盾に直面していく勇気を与えてくれます。

3 矛盾は大きすぎても小さすぎても行動変容に結びつかない

　自分のなかの矛盾を見つめることが変化への第一歩ですが、矛盾を直視するには勇気が必要です。

　もう一つ大切なのは、クライエントが自覚する矛盾は、大きすぎても小さすぎても、行動変容に結びつかないということです。矛盾が大きすぎてしまうと、クライエントが圧倒されて変化をあきらめてしまいます。反対に矛盾が小さすぎると、変化の重要性が自覚できないので、そもそも変化しようという気持ちが生まれません。

　つまり、クライエントの行動とゴールとの矛盾は、行動の原動力となりますが、クライエントが受け止められる程度の矛盾である必要があります。

4 「問題がない」というクライエントの矛盾を探す

　「私には問題はありません」というクライエントに対しては、話を傾聴しながら、矛盾を探索していきます。

ソーシャルワーカーは、クライエントの希望や目指しているゴールについて尋ねてみてください。そして希望やゴールと現在の行動との間に矛盾があれば、それに気づいていけるように働きかけていきます。

5 少しずつ進んでいく

矛盾に対するクライエントの気づきを深めていくときに大切なのは、クライエントの受け止める力を見極めながら進めていくことです。クライエントが自分の矛盾を受け止めていくときは、文字通り、一滴一滴がクライエントにしみこむように面接を行っていきます。

クライエントの許容範囲を超えた情報は、心理的抵抗や不協和を引き起こしてしまうので、急ぎすぎないようにしてください。

高齢者：福祉サービスを使わなくてもやっていけます。他人の世話を受けたくありません。
SW　：自由な生活を大切にしているんですね。　**複雑な聞き返し**
高齢者：そうだね。だから人の世話にはなりたくないんだよ。
SW　：自由に暮らしていきたいのに、娘さんがいろいろと言ってくる。
高齢者：心配しすぎなんだよ。
SW　：そんなに心配しなくても、一人でやっていけると。　**複雑な聞き返し**
高齢者：その通り。
SW　：娘さんは、どのようなことを言ってくるのでしょうか？
　　　　開かれた質問
高齢者：食事が心配だとか、古い家だからどこかに足を引っかけて転ぶんじゃないかとか……。
SW　：いろいろと心配されると……。
高齢者：気楽に暮らせませんよ。こっちは自由にやっていきたいのに。

SW　：自由にやっていくには、娘さんが心配しないようにやっていくことも必要かもしれない。 複雑な聞き返し

高齢者：そうなんだよな。

SW　：少しお尋ねしてもよいですか？ 許可を得るための閉じた質問

高齢者：どうぞ。

SW　：直接お役に立つかどうかわかりませんが、一人で暮らし続けるために、家の段差をなくす工事をしたり、手すりをつけたり、あるいは必要な機器をレンタルしたりする方々もいます。そのような制度があるのをご存じでしたか？ 情報提供

高齢者：あまりよくわかりません。

SW　：どこかでお聞きになっているかもしれませんが、介護保険制度というものがあります。この制度について、もう少し説明させていただいてもよろしいですか？

　ソーシャルワーカーは、クライエントと歩調を合わせながら、このままの生活を続けると娘さんの目が厳しくなっていく、ということに気づいてもらうような会話をしています。しかし、説得も直面化も行っていません。あくまでも聞き返しで、クライエントの気持ちを代弁するように話を進めています。

　そしてクライエントが自分の矛盾に気づき始め、ソーシャルワーカーの話に同意し始めたタイミングで、許可を得た情報提供を行っています。

　クライエントの話のどこに矛盾があるか、初めから決まっているわけではありません。話を傾聴し、矛盾点がみえてきたらクライエントに確認の質問を行ってみます。ソーシャルワーカーの指摘にクライエントが同意したら、それは話を進めてもいいという合図です。もし、クライエントが同意しなかった場合は、OARSを使いながら、さらに探索を続けていきます。

3 維持トークと不協和

この節では維持トークと不協和について説明していきます。

維持トークはクライエントの抱く両価性からでてくる発言です。そして両価性を抱くのは自然なことです。

一方、不協和は、クライエントとソーシャルワーカーとの関係がうまくいっていないときに起こります。

▶ 不協和とは

すべてのクライエントが、ソーシャルワーカーに対して友好的なわけではありません。たとえば、ソーシャルワーカーからすれば解決すべき問題があるにもかかわらず、クライエントからは、

「困っていることはありません。私は大丈夫です」
「福祉サービスを使う必要はないと思います」
「面接を希望する気はありません」

というような発言が聞かれることがあります。あるいは面接をしているとき、クライエントが面接に集中していなかったり、すぐに反論してきたり、あるいはソーシャルワーカーに対して敵意のような気持ちを表明してくることがあります。

MIでは、クライエントとソーシャルワーカーとの関係がうまくいっていない状態を不協和と呼んでいます。不協和に気がついたら、

ソーシャルワーカーは、クライエントとの関係を修復していく必要があります。

▶ 不協和はクライエントの「抵抗」ではない

ソーシャルワーカーに限らず、対人援助に携わる人のなかには、自分の言うことを聞かないクライエントや患者に対して「抵抗している」と考えてしまう人もいます。

クライエントが抵抗していると考える背景には、いろいろな理由があるでしょう。たとえば、「せっかくアドバイスしてやったのに……（意識はしていないかもしれませんが）」とか、「こんなに困っているのに人の意見を聞かないなんて……好きにすればいいんだ」というように、クライエントを「支援を受ける側の人間」として位置づけ、対等にみていないのかもしれません。

悪いのはクライエントなのでしょうか？

不協和はソーシャルワーカーとクライエントとの人間関係のなかで引き起こされていく、とMIでは考えています。ソーシャルワーカーが話を聞いてくれない、理解してくれていない、あるいは考えを押しつけてくる、というようにクライエントが感じたとき、不協和は起こります。

あるいは、クライエントはソーシャルワーカーに出会う前から、他の援助職との関係によって不協和の状態にあることもあります。

このようにクライエントの行動を理解していくと、ソーシャルワーカーに対する「不信感」や「反抗的態度」などは、抵抗ではないということが理解できるはずです。不協和は「ソーシャルワーカーとクライエントとの信頼関係が壊れつつありますよ」というシグナルなのです。シグナルをキャッチしたら、ソーシャルワーカーはクライエントとの人間関係の修復に努めていけばいいのです。

▶ 不協和と維持トークを区別してとらえる

　MIを知らないソーシャルワーカーがクライエントの維持トークを聞いたら（もちろん「維持トーク」という言葉は知らないと思いますが）、クライエントを説得しようとするかもしれません。もちろん、クライエントがその説得に従うことはないでしょう。二人の関係がこのような状態に陥ってしまったとき、MIを知らないソーシャルワーカーは、「クライエントがちっとも言うことを聞いてくれない」とか、「抵抗している」というようにとらえてしまうのです。

　しかしこのようなソーシャルワーカー側のとらえ方が、本当にクライエントの不協和を引き起こしてしまうことがあるので注意が必要です。

　維持トークは、変化を躊躇する発言です。変化に対してクライエントは両価性を抱えています。すなわち、「変化したい」という気持ちと、「このままでよい」という、相反する気持ちを同時に抱いているのです。ですから、維持トークには強く応じず、クライエントが両価性を抱えているという現実を受容していきます。

　しかし不協和については、気がついたら、その時点でクライエントとの関係修復を始めなければなりません。そのために、不協和と維持トークとを区別できるようにしておく必要があります。

▶ 不協和への対応

　不協和は維持トークとは違って、ソーシャルワーカーとクライエントとの関係にひびが入ってきたことを知らせるシグナルです。ですからシグナルをキャッチしたら、すぐに対応していくように心がけてください。不協和に対応する方法には、以下のようなものがあります。

1 謝罪する

　もし、ソーシャルワーカー側の不適切な発言によりクライエントを不快にしてしまった場合は、すみやかに謝罪します。その際、どのようなことについて謝罪をしているのか、具体的に述べたほうがよいでしょう。

「すみません。あなたに福祉サービスを無理強いするつもりはありません」
「少し誤解していましたね。ごめんなさい」

2 是認する

　是認も不協和を解消する手段になります。クライエントのこれまでの行動を認め、強みに言及することは、警戒心を解き、信頼関係を再構築することに役立ちます。

CL：何を話しても無駄だと思います。これまでもそうでしたから。
SW：これまでいろいろと試してこられたんですね。

3 フォーカスをずらす

　クライエントと議論や言い争いになってしまいそうな話題から、話を別の方向に向けていくというのも一つの方法です。言い争いが続くと、不協和が発生します。

CL：私が悪いっていうことですか？
SW：私の関心は行動を判断することではなくて、あなたがどうしていきたいかということを教えていただくことです。

　悪いか悪くないかという議論は、水掛け論になってしまいます。ですからよい悪いではなく、クライエントの将来に関する話題に焦点を変えているのです。

> **面接のポイント**
> - 維持トークは変化をためらうクライエントの気持ちを表明している。
> - 不協和はクライエントとの人間関係がうまくいかなくなっているシグナル。

4 情報提供・アドバイス

　ソーシャルワーカーがクライエントのチェンジトークを傾聴していくと、クライエントは変化に対する自己探索を始めていきます。自己探索を始め、クライエントの希望や価値と、行動していない現状との間に矛盾を感じ、それが変化へとつながっていくのです。

　しかし、ソーシャルワーカーの仕事はクライエントの話を傾聴するだけではありません。話を傾聴し、クライエントのニーズを理解したら、ときには情報提供やアドバイスを行います。あるいは必要であれば環境調整を行っていきます。

　では、MIを進めるなかで、情報提供やアドバイスはどのように行ったらよいのでしょうか？　ここではMIにおいて情報提供やアドバイスをするためのスキルを説明していきます。

▶ EPE（Elicit-Provide-Elicit）

　EPEとは、Elicit-Provide-Elicitのことです。Elicitは「引き出す」、Provideは「提供する」という意味です。つまり。引き出して、提供し、また引き出す、ということです。MIでは情報提供やアドバイスを行うとき、このEPEという方法を使っていきます。

1 初めに引き出す

　情報提供やアドバイスを行う前に、クライエントに許可を求めます。たとえば、

「少しお話したいことがあるのですが、よろしいですか？」

というようにクライエントに尋ねてみましょう。
　そして可能であれば、あなたが提供しようとしている情報やアドバイスに関して、クライエントがどの程度知っているか確認します。

「生活保護についてどのようなことを知っているか教えていただけますか？」

というような感じです。
　さらにあなたが提供しようとしている情報やアドバイスに関して、クライエントがどのくらい関心をもっているのか、あるいは知りたがっているのか質問してみることも、「引き出す」ことになります。

「介護負担を減らしていく方法に関しては、どのようなことをお知りになりたいですか？」

　これらはあくまでも「引き出す」ための一例に過ぎません。実際の面接では臨機応変に工夫してみてください。

　なぜ、情報提供やアドバイスを行う前に「引き出す」ということを行うのでしょうか。
　クライエントに許可を求めることは、クライエントの自律性を尊重するという意味があります。「情報提供やアドバイスを取り入れるのは、あなた自身ですよ」というメッセージになるのです。
　クライエントのもっている知識の確認をすることは、ソーシャルワーカーがどのようなレベルで情報提供やアドバイスを行うか、その

ヒントになります。

　そして、クライエントの関心事を確認することは、クライエントが最も知りたがっていることを理解することになります。ソーシャルワーカーが提供しようと考えている知識やアドバイスは、実はクライエントが今求めている知識や情報ではないかもしれない、ということを忘れないでください。

2　次に提供する

　クライエントに許可を取り、理解の程度や本当に知りたいことなどを確かめることができたら、次はソーシャルワーカーが情報やアドバイスを提供する番です。そのときに気をつけることは、情報やアドバイスは控えめに提供していく、ということです。

　また提供するときには、言葉遣いにも注意してください。たとえば、「今週中に申請書を提出しなければなりません」とか「使い道を考えてお金を使わないと破産してしまいますよ」といった、「上から目線」のような言い方は避けるようにします。

　情報やアドバイスはクライエントが実行できるよう具体的に、かつ簡潔に行っていく必要があります。ソーシャルワーカーは社会福祉の専門家です。そして専門家というものは、クライエントが理解できているかいないかにかかわらず、多くの情報やアドバイスを提供してしまうことがあります。もちろんこれはクライエントのことを心配しているからだと思います。

　しかし、MIはクライエントが変化に向けて自分の力で行動していくことを目的としています。その行動に向けて、クライエントが本当に必要なことを、実行可能な形で提供していくことが大切なのです。

3 そしてまた引き出す

情報やアドバイスを提供したら、クライエントがどのように理解したか、あるいは今後どのようにしたいかを引き出していきます。

「いま、お話ししたことについて何か質問はありますか?」
「ここまではご理解いただけましたか?」
「私が話したことについてどう思いますか?」
「今回の情報は、どのように役立ちそうですか?」

このようなやりとりを行うことで、ソーシャルワーカーが提供する情報やアドバイスが一方的なものではなく、クライエントとともに問題を解決していくための「素材」となっていくのです。

SW　　　：私からも少しお話ししたいことがあるのですが、よろしいでしょうか?
大田さん：いいですよ。
SW　　　：大田さんのように介護をされている方のなかには、ご負担を軽くしていくために、**介護保険のサービスを検討されている方もいます。介護保険についてはご存じですか?**
大田さん：名前だけは聞いたことがあります。
SW　　　：介護保険のサービスが、直接大田さんに役立つかどうかわかりませんが、概要についてお知りになりたいですか?
大田さん：よろしくお願いします。
SW　　　：(介護保険の説明のあと) どうですか? なにかお役に立ちそうなところはありましたか?

EPE は直線的なやりとりではありません。クライエントの様子をみながら、引き出したり提供したりを繰り返していきます。

上述の例では、
　「私からも少しお話ししたいことがあるのですが、よろしいでしょうか？」というのが、引き出すための最初の質問です。クライエントに許可を求めています。そして次の、

「大田さんのように介護をされている方のなかには、ご負担を軽くしていくために、介護保険のサービスを検討されている方もいます」

は、控えめな情報提供です。クライエントに対して「介護サービスを使えば楽になりますよ」と直接言うのではなく、一般的な情報として話をしています。直接的に伝えるよりも、クライエントの抵抗が小さくなります。そしてさらに、

「介護保険についてはご存じですか？」

という質問によって、クライエントの介護保険に関する知識を引き出そうとしています。
　クライエントがどの程度介護保険に関して理解しているか把握したあと（「名前だけは知っている」と教えてくれています）、

「介護保険のサービスが、直接大田さんに役立つかどうかわかりませんが、概要についてお知りになりたいですか？」

と、クライエントがどの程度ソーシャルワーカーの提供する情報について関心があるかを確かめ、それから介護保険に関する情報提供を始めています。「介護保険のサービスが、直接大田さんに役立つかどうかわかりませんが」という控えめな話し方も、クライエントの心理的

な抵抗を軽減する言い方です。
　情報提供を行った後に、

「どうですか？　なにかお役に立ちそうなところはありましたか？」

と、クライエントの理解や、情報に関する気持ちを引き出すための質問を行っています。そしてこの質問は、クライエントのチェンジトークを引き出す質問でもあります。
　この質問に対するクライエントの答えは、

「そうですね、デイサービスを使ってみたいと思います」
「介護保険についてもう少し調べてもよさそうですね」

というようなものになるでしょう。
　そのようなチェンジトークが出てきたら、ソーシャルワーカーはより具体的な情報やアドバイスを行っていけばよいのです。そのときにもEPEを忘れずに話を進めていってください。
　また、ここでは情報提供とアドバイスを一緒に扱ってきましたが、正確にいえば、情報提供よりもアドバイスをされたときのほうが、少しばかり強制的なニュアンスを感じるクライエントもいると思います。
　たとえば、「介護保険を利用するには、申請が必要です」は情報の提供です。これに対して「介護保険を使うと、あなたの負担が軽減しますよ」というのがアドバイスです。どちらがよい、ということではありませんが、後者のほうが行動を促しているように感じるのではないでしょうか。
　強制されていると感じると、人は心理的抵抗を抱きます。ソーシャ

ルワーカーはアドバイスを行いますが、最終的にアドバイスを受け入れるかどうかを決定するのはクライエントです。そして専門家として権威的に振る舞うのではなく、クライエントをもう一人の専門家として、一緒に答えをみつけていくのだという気持ちでアドバイスを行うようにしてください。

面接 のポイント

- 情報提供やアドバイスは EPE を使って行う。
- 最終的にアドバイスを受け入れるか決定するのはクライエント。

5 「計画する」プロセスへの移行

　クライエントの動機が十分に高まったら、次は行動に移す段階です。この段階でも、どのようにしていきたいのかというクライエントの気持ちを尊重していくことが大切です。

▶ クライエントのペースを大切にする

　クライエントの発言のなかから維持トークが減り、反対にチェンジトークが増えてきたら、それは次の段階へ進むためのシグナルかもしれません。

　次の段階とは、「計画する」プロセスです（四つのプロセスを思い出してください）。

　たとえばクライエントが、

「考えているだけではダメですよね、そろそろ動かないと」
「挑戦してみようかな」
「気持ちは固まりました」

というように話し出したら、クライエントがどのように行動していきたいのか尋ねてみてください。

　尋ねる際に気をつけておきたいのは、ソーシャルワーカーの「熱い気持ち」を抑えるということです。クライエントが変化へと気持ちを傾けるまでには、紆余曲折があったかもしれません。クライエントの

両価性を解消し、目的を定め、動機を引き出してきたソーシャルワーカーにとって、クライエントから変化へと向かうチェンジトークを聞けたとき、心の中でバンザイをしたくなるかもしれません。

しかし油断は禁物です。こういうときこそ、第3章（61ページ）で説明した「かかわるプロセス」（engaging）を思い出す必要があります。クライエントとの信頼関係は些細なことで失われてしまうことがあります。また、ソーシャルワーカーの気持ちがクライエントの気持ちよりも先行すると、せっかく強くなったクライエントの動機が弱まってしまいます。

ですから、クライエントの口から行動変容を指向する発言が飛び出しても、これまでと同じようにOARSを使いながら、クライエントの発言を傾聴してください。そしてタイミングをみて、どのように行動していきたいのかクライエントに尋ねてみてください。

▶ 弱めのチェンジトークも大切に扱う

もし、クライエントが以下のように話してきたら、どのように対応していけばよいのでしょうか。

「できたら先生に相談してみようかな」
「福祉サービスの申し込みをしたいんですけどね」
「そんなことが実現したらいいなあ」

このようなクライエントの発言は、「弱気な発言」に聞こえるかもしれません。そのように聞こえてきたら、正したい反射に気をつけてください。正したい反射（間違い指摘反射）は、ソーシャルワーカーから以下のような発言を引き出してしまいます。

「できたらって……、すぐに相談したほうがよいですよ」
「そんな呑気なことを……どういう状況だかわかっているのですか？」
「実現するのは、あなた自身ですよ！」

　上記のようなソーシャルワーカーの発言は、維持トークや不協和を引き出してしまうので注意してください。
　このような発言であっても、チェンジトークは大切に扱うこと。これが大前提です。

▶ クライエントの行動は是認する

　クライエントの行動は、支援者が考えているよりも小さいものかもしれません。それでも、確実に変化しているのです。クライエントの報告を聞いて「少し物足りないな」と感じても、クライエントが行ってきたことに対しては是認するようにしてください。

> **面接 のポイント**
> - 四つのプロセスは、行ったり来たりしながら進んでいくこともある。
> - 計画や実行もクライエントのペースで進めていく。

6 他の技法との統合

　MIは医療や社会福祉の分野だけでなく、対人援助のさまざまな分野に適応できると考えられています。たとえば心理分野では認知行動療法とMIを統合した方法が提案されています。司法や矯正の領域でもMIが取り入れられるようになりました。

　MIはクライエントの両価性を解消し、変化していくことを支援していく面接方法です。「変わりたいけど、変わりたくない」という気持ちを抱くのは当然のことです。このことは、この本のなかで何度か説明してきました。

　「両価性を抱くのは当然のこと」。この考え方は医療分野だけに限らず、司法、教育、福祉など多くの分野に当てはまると思います。

　社会福祉の分野では、ソーシャルワーカーは面接を通してニーズを把握し、必要があれば福祉サービスを紹介したり、環境の調整を行っていったりします。そのような場合でも、クライエントにはクライエントのやりたい方法があるはずです。そのやり方に耳を傾け、クライエントの「変わりたい」という動機を引き出しながら、ともに解決方法を考えていくというMIスタイルを身につけていけば、皆さんがこれまで身につけてきたソーシャルワーカーとしての知識、技術、経験がこれまで以上に役立つはずです。

【引用・参考文献】

青木治・中村英司編（2017）『矯正職員のための動機づけ面接』公益財団法人矯正協会

クリストファー・C・ワグナー、カレン・S・インガーソル（藤岡淳子・野坂祐子監訳）（2017）『グループにおける動機づけ面接』誠信書房

原井宏明（2012）『方法としての動機づけ面接――面接によって人と関わるすべての人のために』岩崎学術出版社

神奈川県内科医学会監修、加濃正人（2015）『今日からできるミニマム禁煙医療 第2巻 禁煙の動機づけ面接法』中和印刷

Miller, W. R., Rollnick, S. (2012) Motivational Interviewing: Helping People Change (3rd ed). Guilford Press.

Rollnic, S., Kaplan, S. G., Rutschman, R. (2016) Motivational Interviewing in Schools: Conversations to Improve Behavior and Learning. Guilford Press.

佐治守夫・飯長喜一郎編（1983）『ロジャーズ クライエント中心療法』有斐閣

ウイリアム・R・ミラー、ステファン・ロルニック（松島義博、後藤恵訳）（2007）『動機づけ面接法 基礎・実践編』星和書店

ウイリアム・R・ミラー、ステファン・ロルニック（原井宏明監訳）（2019）『動機づけ面接 上・下』（第3版）、星和書店

【上記以外の動機づけ面接関連書籍】

デイビッド・B・ローゼングレン（原井宏明監修、岡嶋美代・山田英治・望月美智子訳）（2013）『動機づけ面接を身につける――一人でもできるエクササイズ集』星和書店

ハル・アーコウィッツ、ヘニー・A・ウェスラ、ウイリアム・R・ミラー、ステファン・ロルニック編（後藤恵訳）（2016）『動機づけ面接法の適用を拡大する――心理的問題と精神疾患への臨床適用』星和書店

磯村毅（2019）『失敗しない！ 動機づけ面接――明日からの産業保健指導が楽しくなる』南山堂

北田雅子・磯村毅（2016）『医療スタッフのための動機づけ面接法――逆引きMI学習帳』医歯薬出版

ステファン・ロルニック、ウィリアム・R・ミラー、クリストファー・C・バトラー（後藤恵監訳）（2010）『動機づけ面接法実践入門――あらゆる医療現場で応用するために』

ウイリアム・R・ミラー、ステファン・ロルニック（松島義博、後藤恵、猪野亜朗訳）（2012）『動機づけ面接法 応用編』星和書店

あとがき　これから出会うクライエントのために

いかがでしたでしょうか？

本書を読んでいただいた方のなかには「もう少し深くMIのことを学んでいきたい」とお考えの方もいるかもしれません。

そういう方のために情報提供をしておきます。

日本にもMIを紹介しているいくつかの団体があります。

- 日本動機づけ面接協会
  (http://www.motivationalinterview.jp)
- チェンジトークジャパン
  (http://www.ctjapan.jp)
- 動機づけ面接ファシリテーターネットワーク
  (https://infominf.wixsite.com/minf)
- 寛容と連携の動機づけ面接学会
  (https://gadjasmine.wixsite.com/jasmine)

上記のホームページでは、皆さんがMIを学び続けるための情報や機会を提供してくれます。

本書は社会福祉の現場で働いている援助者を読者として想定して執筆した、MIの入門書です。ですから、心理学の専門用語やエビデンスの話は、できるだけ省略しています。お読みになった方々のなかには、そこに物足りなさを感じる人もいるかもしれません。本格的に勉強してみたい、という方はぜひ上記のホームページや文献リストから必要な情報を検索してみてください。

日本で活躍しているMIのトレーナーたちは、それぞれの地域で勉強会を開催しています。皆さんのお住まいの近くで勉強会が開催されているかもしれません。MIは楽器の練習と同じです。本を読んで理

解するだけではなく、練習することによって上達していきます。

　私も不定期ではありますが、栃木県で仲間たちと一緒に勉強を続けています。勉強会では、MIのスピリットを大切にしていきたいと考えています。参加者一人ひとりの学び方を尊重し、お互いアイディアを出し合いながら、共に向上していきたいなあ、と思いながら続けています。

　コラムを執筆してくださった心理士のAさんも、勉強仲間の一人です。MIを学び始めてから「優しくなった」と書かれています。私もそう思いますし、MIを勉強していると、そういう方にたびたび会います。なぜなのでしょうか。

　おそらく、MIが、クライエントを尊重し、クライエントのやり方を引き出していく面接法であることと関係があると私は考えています。

　社会福祉の専門家は、クライエント支援のための知識やスキルをたくさん身につけています。しかし、クライエントのことを支援したいと願えば願うほど、自分の知識やスキルを押しつけてしまうこともあるのではないでしょうか。

　しかし、MIのやり方は違います。クライエントの話を傾聴し、クライエントのやり方を尊重していきます。そういう面接のほうが結果的にうまくいくということを経験できるからこそ、ますますクライエントに優しくなれるのでしょう。

　クライエントのやり方を引き出す、ということに関して、皆さんに紹介したいエピソードがあります。

　私はいま、大学で社会福祉士や精神保健福祉士の養成に携わっていますが、心理学を専門にしている関係から、ときどき小中学校で心理検査を行うことがあります。その結果を子どもやお母さんにお伝えするときもMIを意識しながら面接を行っています。

私　　　：今日はお忙しいところ学校に来ていただき、ありがとうございます。これから○○ちゃんの結果をお伝えしますね。

お母さん：よろしくお願いします。

私　　　：お母さんは、今回○○ちゃんが受けた検査について、どのくらいご存じか教えていただいてもいいですか。

お母さん：○○が小学校に入学する少し前に受けましたが、特に問題がないっていわれました。

私　　　：そうですか。それは安心ですよね。

お母さん：でも、小学校に入学してから、○○の学校での生活について担任の先生からいろいろと言われて。勉強も心配だし。

私　　　：そうですか。今回のテストは、そういう○○ちゃんの生活面や勉強面で必要なお手伝いの方法を考えるためのものなんですよ。

お母さん：そうなんですね。

私　　　：もう少し説明させていただいてもよいですか？

お母さん：お願いします。

私　　　：(心理検査と結果の説明をした後) いかがですか。心理検査というのは、○○ちゃんのことをすべて調べているわけではなく、あくまでも勉強でいえば、どこが得意でどこが苦手かということをみていくものなのです。

お母さん：そうだったんですね。

私　　　：ですから、○○ちゃんが思いやりのある子だとか、何事にも一生懸命であるということは、検査結果ではなく一緒に生活している家族が一番わかっていると思います。

お母さん：あの子は、私が仕事から帰ってきたときに雨が降っていると、家の外で傘を持って待っていてくれるんです。

私　　　：そういう優しさは、検査では測定できませんよね。

お母さん：私の育て方は、間違っていませんよね。

私　　　：お母さんや友だちに優しくできるって大切なことです

よね。
お母さん：そうですよね。なんか、安心しました。
私　　　：○○ちゃんがそういう優しい気持ちだとか、思いやりを持ち続けながら学校で楽しく過ごしていくにはどうしたらよいか、お母さんの気持ちを教えてください。
お母さん：担任の先生ともう一度相談してみます。これまで私は普通のクラスで勉強するのがよいと思っていたし、主人もそうでした。でも今日先生のお話を聞いて、特別支援のクラスのほうがあの子のためになるような気がしてきました。
私　　　：そうですね。一度担任の先生と相談してみるのもいいですよね。
お母さん：はい……これで間違っていませんよね。
私　　　：お母さんが一生懸命考えた結果ですよ。
お母さん：はい。

　事例はプライバシーに配慮し、内容が変わらない範囲で脚色しています。
　このお母さんは、はじめは子どもを特別支援のクラスに入れるのは反対でした。学校側としては、なんとか母親を説得したいと考えています。私も検査の結果から、本人のためにはクラスを変更したほうがよいと考えていました。
　検査を行う前にも、学校側とは何回か話し合いを続けてきましたが、母親は学校側の意見に同意することはありませんでした。
　しかし面接を進めていくうちに、お母さんは子どものために、本当に必要なことは何かと考えはじめています。そして決断されました。
　こういう変化に立ち会えたことが、私はとてもうれしかったです。MI を学んできてよかったと思いました。そしてますますクライエントと一緒に考えていこう、という気持ちが強くなりました。

最後になりましたが、編集を担当してくださった中央法規出版の飯田さん、出版に尽力してくださった会社の皆様、これまでMIを教えてくださった先生方、一緒に勉強を続けてきた仲間たちに感謝申し上げます。ありがとうございました。

須藤昌寛

【著者紹介】

須藤昌寛（すどう　あきひろ）

国際医療福祉大学医療福祉学部医療福祉・マネジメント学科教授　博士（心理学）

特別養護老人ホームのケアワーカー、生活相談員、介護支援専門員、スクールカウンセラー等を経て現職。
公認心理師、精神保健福祉士、社会福祉士、介護福祉士、特別支援教育士、日本カウンセリング学会認定スーパーバイザー、MINT（動機づけ面接トレーナーネットワーク）メンバー。

福祉現場で役立つ　動機づけ面接入門

2019年 6月20日 初　版　発　行
2021年 8月20日 初版第2刷発行

著　者	須藤昌寛
発行者	荘村明彦
発行所	中央法規出版株式会社

〒110-0016　東京都台東区台東3-29-1　中央法規ビル
営　　業　　TEL 03-3834-5817　FAX 03-3837-8037
取次・書店担当　TEL 03-3834-5815　FAX 03-3837-8035
https://www.chuohoki.co.jp/

印刷・製本	新津印刷株式会社
ブックデザイン	株式会社ジャパンマテリアル
装幀・本文イラスト	村山宇希

ISBN978-4-8058-5903-2

定価はカバーに表示してあります。
本書のコピー、スキャン、デジタル化等の無断複製は、著作権法上での例外を除き禁じられています。また、本書を代行業者等の第三者に依頼してコピー、スキャン、デジタル化することは、たとえ個人や家庭内での利用であっても著作権法違反です。
落丁・乱丁本はお取り替えいたします。
本書の内容に関するご質問については、下記URLから「お問い合わせフォーム」にご入力いただきますようお願いいたします。
https://www.chuohoki.co.jp/contact/